Susanne Daum

55 Wortschatzspiele

für Gruppen- und Plenumsarbeit

Deutsch als Fremdsprache

Ernst Klett Sprachen
Stuttgart

1. Auflage   1 ^{7} ^{6} ^{5} ^{4} ^{3} | 2027 26 25 24 23

© Ernst Klett Sprachen GmbH, Rotebühlstraße 77, 70178 Stuttgart, 2019.
Alle Rechte vorbehalten.
www.klett-sprachen.de

Autorin: Susanne Daum

Redaktion: Michaela Späinghaus
Satz: Joachim Schrimm, bostext, Friolzheim
Illustrationen: Fritz Steingrobe
Umschlaggestaltung: Sabine Kaufmann
Titelbild: stock.adobe.com (Daxiao Productions; Rawpixel.com), Dublin
Druck und Bindung: Elanders GmbH, Waiblingen

Printed in Germany
ISBN 978-3-12-674151-4

Inhaltsverzeichnis

Einleitung 4

Übersicht der Spiele. 13

Spiele 1–55 17

Anhang 137

Einleitung

Heute üben wir das Perfekt

Vielleicht kennen Sie den alten Witz:

Sagt der Deutschlehrer zu seiner Frau: „Liebst du mich?"

Sie: „Ja, natürlich, Schatz!"

Er: „Antworte bitte im ganzen Satz!"

Hier ein kurzes Gespräch, wie es unter deutschen Muttersprachlerinnen und Muttersprachlern ständig vorkommt:

„Oh wow, der Pullover …"

„Welcher?"

„Der da."

„Oh ja, schön … Total schön!"

„Mhm … Aber leider auch teuer."

Lexik transportiert Bedeutung   Wie Sie sehen, kommt dieser Dialog komplett ohne Verben aus – hier spricht niemand „im ganzen Satz". Warum funktioniert so etwas? Weil Bedeutung in erster Linie durch Lexik transportiert wird, nicht durch Grammatik. Im Beispiel sind Nomen und Adjektive der inhaltstragende Wortschatz *(Pullover, schön, teuer)*; wichtig sind außerdem die „Zeigwörter" (sogenannte Deiktika), die auf die gemeinsam wahrgenommene Umwelt verweisen *(der, da)*.

Im Unterricht versuchen wir zu erreichen, dass die Lernenden auf Deutsch kommunizieren können. Sprachliche Mängel behindern die Kommunikation, das weiß jeder. Aber anders als häufig angenommen, ist fehlerhafte Grammatik dabei nicht das größte Problem. Lesen Sie bitte einmal die folgenden beiden Äußerungen schnell und flüchtig durch:

- „Könntest du mir eine starke Vorliebe machen und mein Curriculum lesen? Ich möchte eine andere Position erfragen."
- „Kann du mich große Gefallen tun und mein Lebenslauf lese? Möchte ich auf anderen Stelle bewerbe."

Das erste Beispiel ist grammatikalisch (strukturell) gesehen fehlerfrei, es werden aber unpassende Begriffe verwendet. Das zweite strotzt nur so vor Grammatik-fehlern; dennoch versteht man hier viel schneller, worum es geht – weil der Kernwortschatz stimmt.

Dennoch soll dies kein Plädoyer für grammatikfreien Unterricht sein. Das wäre auch gar nicht möglich, denn jeder Wortschatz hat bereits eigene grammatikalische Merkmale im Gepäck, die seine Verwendungsmöglichkeiten mitbestimmen. Das beginnt mit solch grundlegenden Dingen wie der Zugehörigkeit zu Wortarten und den damit verbundenen Möglichkeiten der Satzstellung.

Wofür dieses Buch aber sehr wohl plädiert, ist eine Fokusverschiebung: weg von Grammatikthemen, die mit beliebigem Wortschatz gefüllt werden – hin zu kontextualisiertem Wortschatz, der (unter Zuhilfenahme grammatischer Strukturen) dem effektiven Sprachhandeln dient.

Also nicht:

„Heute üben wir das Perfekt."

Sondern:

„Heute sprechen wir über unseren letzten Urlaub."

Neuen Wortschatz vermitteln – wie geht das?

Soweit es möglich ist (denn es gibt natürlich auch unvorhergesehene Wortschatzfragen), sollten Sie sich schon bei der Unterrichtsvorbereitung Gedanken darüber machen, wie Sie die neuen Wörter und Wendungen einführen können.

Da in den meisten Lehrwerken neue Lexik in Form von Texten präsentiert wird, ist dies in der Regel gut planbar. Denken Sie bei der Sichtung der Texte und der Vorbereitung aber auch daran, dass in vielen Texten, die zur Übung von Lesestrategien gedacht sind, nicht jedes Wort verstanden werden muss bzw. soll.

Es gibt viele Möglichkeiten, unbekannte Wörter verständlich zu machen. Zu welcher Methode man greifen sollte, hängt von mehreren Faktoren ab, in erster Linie aber von der neuen Lexik selbst. Hier eine Liste möglicher Hilfsmittel bzw. Maßnahmen:

Wortschatzvermittlung planen

Methoden

nonverbal

- Fotos, Illustrationen (mitgebracht oder im Lehrwerk)
- Zeichnungen (Dazu muss man nicht künstlerisch begabt sein; die Lernenden freuen sich über windschiefe Strichmännchen! Das Zeichnen kann aber auch von Lernenden übernommen werden, die das Wort schon kennen.)
- Gegenstände (Realia)
- Pantomime, Gestik, Mimik
- Geräusche

verbal

- Erklärungen, Definitionen
- Gegenteile (falls die Lernenden schon ein passendes kennen)
- Synonyme (falls die Lernenden schon ein anderes Wort mit ungefähr gleicher Bedeutung kennen)
- bereits bekannte Oberbegriffe: „*Briefträger* oder *Briefträgerin* ist ein Beruf."
- bereits bekannte Unterbegriffe: „*Obst* – Bananen und Äpfel sind Obst."
- Beispielsituationen
- Beispielsätze
- Dialogbeispiele, Spielszenen
- Kursgespräche – Fragen an die Lernenden und Aussagen, aus denen das Wort erschlossen und in einen persönlichen Kontext gebracht werden kann. Beispiel: „Haben Sie ein *Hobby*? Mein *Hobby* ist Tanzen. Ich glaube, Dimitri schwimmt gern, stimmt's, Dimitri? Das ist Ihr *Hobby*? Und was ist Ihr *Hobby*, Melly?"

in der Hand der Lernenden

- Wörterbücher (auch digital)
- Gruppen- oder Partnerarbeit: Hypothesenbildung (mögliche Bedeutung aus dem Kontext erschließen, z. B. aus einem Lesetext); Überprüfung mithilfe eines Wörterbuchs oder durch Rückfragen an die Lehrkraft
- Gruppenarbeit: Peer Teaching
  - Wer ein Wort schon kennt, erklärt es.
  - Einzelne Lernende bekommen neue Wörter mit Abbildungen oder Definitionen (oder einfach dem Auftrag zum Nachschlagen) und erklären sie ihrer Gruppe. Das kann auch nach und nach während einer Aufgabe geschehen, in der die Wörter vorkommen (z. B. Spiel 53: Zweierpacks).

Tipp: Üben und pflegen Sie Ihr Vermittlungsrepertoire! Trainieren Sie auch, das Naheliegende zu sehen: Um *Tasche* zu erklären, brauchen Sie keine Tasche an die Tafel zu zeichnen, denn Sie haben sicher eine dabei. Um die Wörter *Vorname* und *Nachname / Familienname* einzuführen, genügt der Name einer / eines Lernenden oder Ihr eigener. Und „Anschauungsobjekte" für die Wörter *blond* und *dunkelhaarig* finden sich vielleicht auch im Kurs.

Keine Mehrfacherklärungen ohne Denkpause

Bei den verbalen Methoden ist es natürlich wichtig, dafür bereits bekannten Wortschatz zu verwenden. Und geben Sie den Lernenden eine kurze Denkpause! Wenn man nach dem ersten Erklärungsversuch verständnislose Gesichter zu sehen glaubt, lässt man sich schnell zu sogenannten Mehrfacherklärungen hinreißen. Bedenken Sie aber, dass mehr verbale Erklärungen für die Lernenden gleichzeitig auch mehr fremdsprachlichen Input bedeuten, den sie auf dem Weg zum Verstehen des unbekannten Wortes erst einmal verarbeiten müssen.

Unterstützen Sie gleich bei der Einführung die Verankerung: Lassen Sie die Lernenden das neue Wort aussprechen (am besten „ganz altmodisch" im Chor, so fühlt sich niemand exponiert); erfinden Sie gemeinsam eine passende Geste und setzen Sie diese beim zeitnahen Wiederholen ein; ermutigen Sie die Lernenden zu ersten Anwendungsversuchen.

Darf man auch einfach mal übersetzen?

Natürlich. Besonders wenn Wortschatz mit sehr spezifischer Bedeutung verstanden werden soll, kann das sinnvoll sein. Angenommen, Sie unterrichten englischsprachige Lernende und in einem Text taucht das Wort *Neunauge* auf. In dem (übrigens nicht sehr wahrscheinlichen) Fall, dass aus irgendeinem Grund die genaue Bedeutung verstanden werden muss, ist es hier viel sinnvoller, einfach die englische Übersetzung *lamprey* zu liefern, statt sich in lange und wahrscheinlich unzureichende Erklärungen zu verstricken.

multinationaler Kurs = einsprachiger Unterricht

Voraussetzung für die Verwendung der Erstsprache der Lernenden oder einer anderen Sprache als der Zielsprache – und das betrifft sämtliche Vorgänge im Unterricht, nicht nur die Wortschatzarbeit – ist aber <u>immer</u>, dass <u>alle</u> Lernenden in der Gruppe über diese Sprache verfügen. Ein Austausch in einer Sprache, die nicht alle verstehen, wird schnell als Privatgespräch empfunden und kann böse Folgen für das Unterrichtsklima haben. Wenn eine Übersetzung nötig erscheint, ist es in Kursen mit gemischten Ausgangssprachen deshalb besser, die Lernenden aufzufordern, selbst im Wörterbuch nachzusehen.

Ein großer Nachteil beim „einfachen" Übersetzen ist allerdings, dass der Behaltenseffekt wesentlich geringer ist als bei anderen Methoden – eben weil es so einfach ist und keine Denkanstrengung unternommen werden muss, um das neue Wort zu verstehen.

Übersetzung:
schnell und praktisch –
aber nicht nachhaltig

Verstanden – und jetzt?

Für den Erwerb eines neuen Wortes genügt es nicht, seine Bedeutung verstanden zu haben. Um es sich wirklich anzueignen, muss man außerdem …

- seine gesprochene und geschriebene Form erkennen und selbst produzieren können.
- diejenigen seiner grammatikalischen Merkmale kennen, die für eine effektive Verwendung nötig sind, wie z.B. die Wortart (dazu ist es nicht unbedingt nötig, die grammatikalische Terminologie wie *Nomen* oder *Verb* zu kennen, aber es muss erkannt werden, dass z.B. *Wohnung* und *wohnen* unterschiedliche Wortarten sind und nicht auf die gleiche Weise verwendet werden können).
- sein Register kennen, d.h. seine situative und soziale Angemessenheit (also z.B. wissen, dass *Klamotten* zwar ein Synonym für *Kleidung* ist, aber kein registergleiches).

Um dauerhaft über das Wort verfügen zu können, ist die Verankerung im sogenannten mentalen Lexikon notwendig. Damit ist der „innere Wortspeicher" gemeint, aus dem wir die Lexik abrufen, die wir zur Sprachproduktion wie auch zum Hör- und Leseverstehen benötigen, und der als komplexes, extrem leistungsstarkes Netzwerk funktioniert – sofern wir für vielfältige Vernetzung gesorgt haben.

das mentale Lexikon

Zu einer guten Verankerung im mentalen Lexikon können viele Faktoren beitragen:

Ankerhilfen

- sinnhafte Wiederholungen: nicht mechanisch repetieren lassen, sondern wiederholte Begegnung mit dem Wort in verschiedenen Kontexten herbeiführen
- Wiederholung in den richtigen Abständen:
  - direkt beim Erklären von neuem Wortschatz: nach maximal vier Items pausieren und kurz wiederholen (möglichst die Lernenden selbst anwenden lassen)
  - neuen Wortschatz gleich in der nächsten Stunde wiederholen
  - Wiederholungsabstände immer weiter vergrößern, aber auch „alten" Wortschatz gelegentlich wiederholen (s. dazu auch den nächsten Abschnitt)
- Fokus auf Form: lesen, hören, schreiben, aussprechen lassen (z.B. Spiel 1: Klatsch und duck)
- Fokus auf Bedeutung: größere Verarbeitungstiefe schaffen durch Gelegenheiten zur
  - Verknüpfung mit vorhandenem Wissen (Weltwissen, sprachliches Wissen; z.B. Spiel 34: Interaktives Kreuzworträtsel)
  - Einbettung in bedeutsame Kontexte, z.B. Geschichten (z.B. Spiel 36: Wahr oder gelogen, Spiel 45: Wie der See der Freude zu seinem Namen kam)
  - Interaktion
  - Herstellung logischer Zusammenhänge, Kategorienbildung, Bewertung, Strukturierung (kognitive Verknüpfung; z.B. Spiel 15: Straßenbau mit Wörtern, Spiel 21: Expertendiktat, Spiel 37: Weiß und weich)

- Verknüpfung mit persönlichen Assoziationen, Gefühlen und Ansichten (affektive Verknüpfung; z. B. Spiel 5: Wortschatzwiederholung aus dem Hut)
- Verknüpfung mit positiven Erlebnissen und Situationen (affektive Verknüpfung und Aktivierung des episodischen Gedächtnisses, welches deutlich leistungsstärker ist als das reine Faktengedächtnis)
- Verknüpfung mit bestimmten Personen (z. B. Spiel 27: Das Lakenspiel, Spiel 35: Figuren und Eigenschaften, Spiel 40: Personenpaare finden)
- Verknüpfung mit lustigen oder ungewohnten Zusammenhängen (z. B. Spiel 31: Wortschatz und Sachensack)
- Verknüpfung mit Sinneswahrnehmungen: Bilder, Farben, Formen, Szenen/Vorgänge, Plätze im Raum, mentale Visualisierung, Gestik, Mimik, Geräusche, Klänge, Rhythmen, Musik, Gespräche, Bewegung(en), Berührung, Hantieren mit Gegenständen, veränderte Wahrnehmung durch einen Standortwechsel (z. B. Spiel 2: Menschliche Graffiti, Spiel 3: Mit dem Bauchnabel zeichnen, Spiel 10: Gegenteil-Kreis, Spiel 47: Floskeln werfen, Spiel 54: Schlendern und rennen, flüstern und brüllen)

Den Wortschatz pflegen

Wortschatzsammlung: Stoff für regelmäßige Wiederholung

Schon der Begriff – Wort-Schatz! – suggeriert, dass es um einen kostbaren Besitz geht, und man kann die Lernenden dazu anregen, diesen auch entsprechend pfleglich zu behandeln. Sorgen Sie dafür, dass das Festhalten von neuem Wortschatz zur Gewohnheit wird. Dafür bieten sich verschiedene Formen an:
- Flipchartsammlung
  - Vorteile: Bei der Einführung von neuem Wortschatz kann der Anschrieb direkt auf dem Blatt statt an der Tafel erfolgen. Für Wiederholungsspiele und -aktivitäten können die alten Blätter wieder aufgehängt werden. Neuerer Wortschatz kann eine Weile im Raum hängen bleiben und so „an der Peripherie" wirken.
  - Nachteile: Wörter können nicht einzeln verteilt werden; teuer, hoher Papierverbrauch
  - z. B. Spiel 2: Menschliche Graffiti, Spiel 36: Wahr oder gelogen?
- Wörterkiste: Jedes neue Wort kommt auf einem kleinen Zettel in einen Karton (ungeordnet).
  - Vorteile: Wörter können verteilt werden, z. B. für Wimmelspiele (Spiele mit ständig wechselnden Partnerinnen und Partnern). Die Zettel können sortiert, gruppiert, in Rangordnungen gebracht werden usw. Lernende, die früher zum Unterricht kommen, können in der Kiste stöbern und sich gegenseitig Quizfragen stellen.
  - Nachteil: Nicht ideal für Spiele und Aktivitäten, bei denen der Wiederholungswortschatz für alle sichtbar sein soll.
  - z. B. Spiel 31: Wortschatz und Sachensack
- Lernbox: Kärtchen mit Wörtern werden in die Lernbox sortiert. Es gibt mehrere Abteilungen für unterschiedlich lange Wiederholungsabstände, z. B.
  - Neu – jede Stunde wiederholen
  - Ziemlich neu – einmal pro Woche wiederholen
  - Noch nicht sicher – einmal pro Monat wiederholen
  - Können wir jetzt – ab und zu überprüfen

Wenn sich beim Wiederholen zeigt, dass ein Wort allen geläufig ist, rückt es eine Abteilung weiter. Umgekehrt kommt wieder weiter nach vorn, was inzwischen vergessen wurde.

- – Vorteile: Ökonomisches Wiederholen, da man sich auf das konzentriert, was noch nicht sitzt. Motivierend, da Lernfortschritte deutlich werden. Lernende, die früher zum Unterricht kommen, können sich mit der Box beschäftigen, wenn sie Lust haben.
- – Nachteil: Nur bedingt für Gruppenarbeit und Spiele einsetzbar.

Egal, welche Form gewählt wird: Die Arbeit müssen nicht Sie übernehmen. Erstellen Sie mit den Lernenden einen Plan, wer in welcher Stunde für die Dokumentation neuer Wörter zuständig ist.

Nützliche Sprachhappen: Wendungen, Kollokationen, Chunks

Bis jetzt war hier die Rede von neuen Wörtern. Wortschatz ist jedoch mehr als ein Katalog einzelner Wörter. Ein Beispiel: Die Wendung *Das geht nicht.* setzt sich aus Wörtern zusammen, die die meisten Deutschlernenden schon nach wenigen Unterrichtsstunden kennen: *das, nicht* und *gehen*. Leider versetzt sie das aber nicht automatisch in die Lage, den Sinn der Wendung zu verstehen. Stattdessen muss diese als Ganzes gelernt werden.

Sprachen sind grundsätzlich reich an solchen idiomatischen Ausdrücken, deren **feste Wendungen**
Bedeutung sich nicht immer aus ihren Einzelbestandteilen erschließen lässt, z. B.:

Das kommt darauf an.

Das macht nichts.

Das geht zu weit.

Wie geht's?

Geht so.

Was ist los?

Das sehe ich auch so.

Aber nicht nur feststehende Redewendungen sind ein wichtiger Bestandteil **Kollokationen**
unseres aktiven Wortschatzes, sondern auch andere „lexikalische Päckchen" wie etwa Kollokationen. Als Kollokationen bezeichnet man Wörter, die häufig gemeinsam auftreten. Diese Wortpartnerschaften können fest oder weniger fest sein. Feste Kollokationen finden sich beispielsweise in den folgenden Verbindungen: Im Deutschen *wäscht* man die Wohnung nicht, sondern man *putzt* sie; man *schreibt die Hausaufgaben* nicht, sondern *macht* sie und manchmal hat man *leichte Kopfschmerzen* und nicht etwa *kleine*. Ein Beispiel für eine losere Kollokation ist die Nomen-Verb-Verbindung *ein Buch lesen*. Diese Verbindung kommt oft vor, ist aber nicht zwingend; *ein Buch kaufen* ist ebenfalls eine häufig gebrauchte Kollokation, wie auch *ein Buch lieben / aufschlagen / ausleihen / verschenken / zurückgeben*. Kombinationen wie *ein Buch versichern / beschnuppern / transportieren / säubern / ablehnen* sind zwar denkbar, kommen aber praktisch nie vor, sind also keine Kollokationen. Im Unterricht ist es sinnvoll, beim Einführen und Üben neuer Wörter auch deren „Lieblingspartner" ins Spiel zu bringen, damit sie gemeinsam im mentalen Lexikon gespeichert werden können.

Inventar an sprachlichen Versatzstücken

Aus der Pragmalinguistik und der Spracherwerbsforschung wissen wir inzwischen, dass sich Muttersprachlerinnen und Muttersprachler beim Formulieren alltäglicher Äußerungen zu einem großen Teil aus einem Vorrat sprachlicher Versatzstücke, sogenannter Chunks, bedienen. Mit anderen Worten: Der Satz *Ich ruf' dich an!* wird aller Wahrscheinlichkeit nach nicht jedes Mal neu konstruiert (auf Grundlage des verinnerlichten Wissens über Personalpronomen, Kasus, trennbare Verben, Konjugation im Präsens, Satzstellung und die semantische Bedeutung von *jemanden anrufen*), sondern vielmehr als komplette lexikalische Einheit abgerufen. Das betrifft auch Vorgänge beim Hören: Der Satz *Tut mir leid, ich hab' den Bus ...* wird von den meisten Hörenden gedanklich vorauseilend mit dem Wort *verpasst* ergänzt, und nicht etwa mit *verkauft, gesehen, frisch lackiert* oder *verbrannt* (was sowohl lexikalisch als auch grammatikalisch möglich wäre). Viele Spiele in diesem Buch sind dazu gedacht, den Umgang mit solchen Sprachbausteinen zu fördern (z. B. Spiel 12: Chunks klauen, Spiel 16: Schnelle Ergänzung, Spiel 20: Chunks tauschen, Spiel 38: Alle reden übers Wetter, Spiel 39: Routenspiel, Spiel 43: Sag es einfach, Spiel 47: Floskeln werfen, Spiel 48: Synonym-Dialog, Spiel 53: Zweierpacks).

Wortschatz spielend trainieren

Vorteile von Spielen

Spiele können ideale Bedingungen schaffen, um die gründliche Verankerung von Wortschatz zu erreichen, denn beim Spielen ...

- sind Emotionen beteiligt.
- werden oft mehrere Sinne angesprochen, z. B. durch Bewegung oder physisches Handeln (dazu gehören auch kleine Handlungen wie Würfeln, das Setzen von Spielfiguren usw.), Farben, Formen, Bilder, Orte im Raum, Geräusche, Musik, Gespräche, Tonfall usw.
- kommt es zu vielfältiger kognitiver Auseinandersetzung mit dem Wortschatz (z. B. bei Rate- oder Argumentationsspielen).
- entstehen interessante, lustige und abwechslungsreiche Situationen, die gut erinnert werden können (episodisches Gedächtnis).
- wird der Wortschatz mit eigenen Erlebnissen, Erinnerungen, Sichtweisen und anderen persönlichen Aspekten verbunden.
- wird der Wortschatz in kommunikativen, interaktiven Situationen erlebt und damit verbunden.
- entfällt auf die einzelnen Lernenden meist mehr Redezeit als in frontal organisierten Unterrichtsphasen, was mehr Gelegenheit zum aktiven Anwenden von Wortschatz bedeutet.
- sind Ängste im Zusammenhang mit der Lernsituation meist deutlich abgemildert.

Lernziel und Spielziel

Spiele zeichnen sich außerdem dadurch aus, dass sie ein eigenes, vom sprachlichen Lernziel unabhängiges Spielziel haben. So kann es z. B. darum gehen, Punkte zu sammeln, am schnellsten oder geschicktesten zu sein, ein (nichtsprachliches) Problem zu lösen, etwas zu erraten oder herauszufinden, das gegnerische Team aufs Glatteis zu führen, etwas Kreatives zu schaffen, etwas darzustellen, zu kooperieren usw.

Dadurch werden auch Lernende motiviert, die sich mit der neuen Sprache noch schwertun. Auch die „Schlusslichter" im Kurs können im Spiel glänzen, z. B. durch Allgemein- oder Fachwissen, schnelles Reaktionsvermögen, gutes Gedächtnis, kreative Ideen, strategisches und logisches Denken, mathematisches, zeichnerisches, sportliches oder schauspielerisches Talent – und bei reinen Glücksspielen kann sowieso jeder gewinnen.

Gleichzeitig kann es aber – besonders im Umgang mit erwachsenen Lernenden – auch sinnvoll sein, die im Spiel verfolgten Lernziele offenzulegen. Denn viele tragen das Vorurteil mit sich herum, dass Spielen verschwendete Zeit bedeutet, in der nicht gelernt wird. Aus demselben Grund sollten Sie auch darauf achten, Spiele nicht vorwiegend als Belohnung oder Lückenbüßer in den letzten zehn Unterrichtsminuten einzusetzen – etablieren Sie in Ihrem Unterricht das Spielen als Methode!

Und wenn nicht korrekt gesprochen wird?

Das wird natürlich ständig passieren! Aber Korrigieren sollte während des Spiels tabu sein. Stattdessen sollten Sie die Ohren aufhalten und sich wichtige Fehler für spätere Korrekturen notieren; am wirksamsten sind diese, wenn die Lernenden sie selbst vornehmen. Übrigens gibt es auch dafür spielerische Möglichkeiten (z. B. die Varianten von Spiel 16: Schnelle Ergänzung und Spiel 24: Adjektiv-Hex).[1]

Fehlersammlung und spätere Korrektur

Auch die Lernenden haben oft die Befürchtung, sich durch ausbleibende Korrekturen etwas Falsches anzugewöhnen. Erklären Sie, wie wichtig Phasen sind, in denen freies Sprechen im Vordergrund steht. Wenn Sie dann konsequent zu einem späteren Zeitpunkt auf Fehler eingehen, werden sich diese Ängste schnell legen.

Welches Spiel wofür?

Wortschatzarbeit kann verschiedene Absichten verfolgen, die z. B. von der Unterrichtsphase abhängen, dem Grad der Vertrautheit der Lernenden mit dem jeweiligen Wortschatz, dessen Prüfungsrelevanz, den individuellen Interessen der Lernenden u. a. Alle Spiele in diesem Buch enthalten unter der Überschrift „Lerninhalt / Themenfeld" einen oder mehrere der folgenden Einträge, die Ihnen bei der Auswahl helfen sollen:

didaktischer Einsatzort einzelner Spiele

- Wortschatz üben
  Das Spiel ist gut geeignet, wenn der entsprechende Wortschatz ganz frisch ist: Aussprache und Verwendung werden in gelenkter Form trainiert.
- Wortschatz anwenden
  Der nächste Schritt: Die Lernenden verwenden den neuen Wortschatz für eigene kommunikative Absichten.
- Wortschatz verankern
  Das Spiel unterstützt die nachhaltige Speicherung im mentalen Lexikon.
- Wortschatz wiederholen / testen
  Hierbei wird schon länger bekannter Wortschatz wieder hervorgeholt und aufgefrischt.

---

1   Weitere Korrekturspiele finden Sie z. B. in *Susanne Daum / Hans-Jürgen Hantschel: 55 kommunikative Spiele* (ISBN 978-3-12-675184-1; hier beispielsweise Spiel 52: Der große Preis) und *Susanne Daum / Hans-Jürgen Hantschel: 44 kommunikative Spiele* (ISBN 978-3-12-675194-0; hier beispielsweise Spiel 43: Korrekturwimmeln).

■ Wortschatz erweitern

Natürlich stellt jedes neue Wort eine Wortschatzerweiterung dar. Gemeint ist hier jedoch Aufbauwortschatz auf fortgeschrittenem Niveau, der durchaus auch über das Angebot des verwendeten Lehrwerks bzw. den stufenrelevanten Prüfungswortschatz hinausgehen kann. Das kann von den Lernenden nach ihren persönlichen Interessen und Erfordernissen gewählter Wortschatz sein; es kann sich aber auch um Angebote von Ihrer Seite handeln. Beispiele sind die (bei fortgeschrittenen Lernenden sehr beliebten) Spiele zu übertragenen Bedeutungen (z. B. Spiel 50: Neues über alte Wörter, Spiel 51: Deutsch mit Hand und Fuß, Spiel 52: Fließendes Deutsch).

Spiele multifunktional nutzen

Spiele zur Paar- und Gruppenbildung Viele Spiele können multifunktional (und damit zeitsparend) eingesetzt werden. Manche können z. B. zur Paar- und Gruppenbildung für die nächste Übung dienen: Bei Spielen mit wechselnden Partnerinnen und Partnern kann man am Ende einfach dazu auffordern, mit der letzten Partnerin / dem letzten Partner zusammenzubleiben (z. B. Spiel 7: Gleiche Vorlieben, verschiedene Vorlieben, Spiel 38: Alle reden übers Wetter, Spiel 39: Routenspiel).

Spiele als Bewegungspause Langes Sitzen und anstrengende Kopfarbeit haben oft die Folge, dass „nichts mehr geht". Spiele, die für Bewegung, herzhaftes Lachen und frische Energie sorgen, sind hier ideal (z. B. Spiel 1: Klatsch und duck, Spiel 2: Menschliche Graffiti, Spiel 3: Mit dem Bauchnabel zeichnen, Spiel 12: Chunks klauen, Spiel 14: Verkehrslärm, Spiel 17: Was darf es sein?).

Im Buch werden folgende Abkürzungen benutzt:

LK = Lehrkraft

LN = Lernende / Lernender

Übersicht der Spiele

Spiel	Wortarten /Wortverbindungen*	Thema*	Benötigtes Material**	Niveau***	Seite
1 | Klatsch und duck	beliebig	beliebig	–	alle	17
2 | Menschliche Graffiti	beliebig	beliebig	–	alle	18
3 | Mit dem Bauchnabel zeichnen	Nomen	beliebig	–	alle	19
4 | Wortschatzwiederholung über Kreuz	beliebig	beliebig	Steinchen o. Ä.	alle	20
5 | Wortschatzwiederholung aus dem Hut	beliebig	beliebig	Behälter, Zettel	alle	22
6 | Nimm was!	Nomen	Gegenstände	Gegenstände	A1	23
7 | Gleiche Vorlieben, verschiedene Vorlieben	Nomen, Verben (+ gern)	beliebig	–	A1	24
8 | Mit Tante und Onkel im Supermarkt	Nomen, Zahlwörter	Lebensmittel, Preise	–	A1	25
9 | Schnelle Zahlen	Zahlwörter	große Zahlen	Papier, Marker, Klebeband o. Ä.	A1	26
10 | Gegenteil-Kreis	Adjektive, Verben, Nomen	beliebig (Gegenteile)	–	A1	27
11 | 20 Leute, 20 Wochenenden	Verben, Verbgefüge	Freizeitaktivitäten	–	A1	28
12 | Chunks klauen	Chunks, Kollokationen	Freizeit	evtl. Musik	A1	30
13 | Um die Wette einrichten	Nomen bzw. Chunks	Wohnen (Zimmer, Möbel)	Würfel, Spielfiguren	A1	33
14 | Verkehrslärm	Nomen	Verkehrsmittel	evtl. Augenbinden	A1	36
15 | Straßenbau mit Wörtern	beliebig	beliebig	–	A1 / A2	37
16 | Schnelle Ergänzung	Kollokationen / Chunks	Alltag und Beruf	–	Ende A1	40
17 | Was darf es sein?	Nomen	Themenfelder A1 (Einkaufen, Freizeit usw.)	–	Ende A1	43

Spiel	Wortarten / Wortverbindungen*	Thema*	Benötigtes Material**	Niveau***	Seite
18 | **Dresscode**	Nomen, Adjektive	Kleidung, Farben	–	A2	45
19 | **Shoppingtour**	Nomen, Adjektive, Chunks	Einkaufen, Geschäfte	Würfel, Spielfiguren	A2	47
20 | **Chunks tauschen**	Bewegungsverben, als Vollverben verwendete Modalverben; Kollokationen / Chunks	Richtung, Ziel, Ort	–	A2	50
21 | **Expertendiktat**	Nomen, Verben, Adjektive, Kollokationen, feste Wendungen	Feste und Feiertage	–	A2	52
22 | **Worte in den Mund legen**	Nomen, Verben, Adjektive, feste Wendungen	Feste und Feiertage	Papier	A2	54
23 | **Nudelsuppe an der Stirn**	Komposita	Speisen	Klebeband	A2	56
24 | **Adjektiv-Hex**	Adjektive	beliebig	farbige Stifte	A2	58
25 | **Modenschau mit Fehlern**	Nomen, Adjektive	Kleidung	–	A2	62
26 | **Sequenzenspiel**	temporale Angaben	Uhr- und Tageszeiten, Monate, Zeitpunkte	–	A2	63
27 | **Das Lakenspiel**	Nomen	Schulfächer, Schule	großes Tuch	A2	66
28 | **Verwandt oder nicht?**	Nomen	Verwandtschafts- beziehungen	Knöpfe o. Ä., Würfel, Spielfiguren	A2	67
29 | **Präfix-Quartett**	trennbare und nicht trennbare Verben	gemischt (Prüfungswort- schatz A2)	–	A2	71
30 | **Wort-Trio**	Nomen, Verben, Adjektive	beliebig	–	A2	74
31 | **Wortschatz und Sachensack**	beliebig	beliebig	Beutel, kleine Gegenstände	A2	75

Spiel	Wortarten / Wortverbindungen*	Thema*	Benötigtes Material**	Niveau***	Seite
32 | Reisen Sie nach Kikilonien!	beliebig	Reisen, Urlaub, Touristik	–	B1	76
33 | Dalli, dalli!	Nomen	Materialien	Stoppuhr, akustisches Signal	B1	79
34 | Interaktives Kreuzworträtsel	Nomen, Verben, Adjektive	Krankheit, Arztbesuch	–	B1	81
35 | Figuren und Eigenschaften	Adjektive	persönliche Eigenschaften und Merkmale	–	B1	83
36 | Wahr oder gelogen?	beliebig	beliebig	–	B1	85
37 | Weiß und weich	Adjektive	themen- übergreifend	Briefumschläge o. Ä.	B1	86
38 | Alle reden übers Wetter	verschiedene	Wetter (Smalltalk)	Musik	B1	90
39 | Routenspiel	Chunks	Verkehrsregeln, Wegbeschrei- bungen	–	B1	92
40 | Personenpaare finden	Funktionsverb- gefüge	–	–	B1	95
41 | Verbale Streicheleinheiten	Nomen, Adjektive	persönliche Eigenschaften und Merkmale	farbiges Papier, Klebeband o. Ä., Musik	ab B1	98
42 | Abenteuer Komponiersprache	Komposita	gemischt	Klingel o. Ä.	ab B1	99
43 | Sag es einfach	abgeleitete und erweiterte Grundverben	gemischt	einsprachige Wörterbücher	B1	102
44 | Als die Professorin den Dieb traf	verschiedene	Berufe, berufliches Umfeld	Spielkarten	B1.2	105
45 | Wie der See der Freude zu seinem Namen kam	Nomen	Stimmungen, Gefühle, Werte (Abstrakta)	große Papierbögen, Farbstifte	B2	108
46 | Puzzle-Wettstreit	Nomen	geometrische Formen	Briefumschläge o. Ä.	B2	110
47 | Floskeln werfen	Redemittel	Präsentieren	Ball	B2	112
48 | Synonym-Dialog	Redemittel	Beruf (Einzelhandel)	–	B2	114

Spiel	Wortarten / Wortverbindungen*	Thema*	Benötigtes Material**	Niveau***	Seite
49 | **Nominalisierungs-Wettstreit**	Nominalisierungen	gemischt	Stoppuhr, evtl. Musik, Wörterbücher	B2	**117**
50 | **Neues über alte Wörter**	Kollokationen, Redewendungen, Sprichwörter usw.	beliebig	Wörterbücher, Papier, Marker	B2	**120**
51 | **Deutsch mit Hand und Fuß**	Redewendungen, Komposita	Körperteile – übertragene Bedeutungen	Wörterbücher, Papier, Marker, evtl. Musik	B2	**122**
52 | **Fließendes Deutsch**	Redewendungen, Sprichwörter	Wasser – übertragene Bedeutungen	-	B2	**125**
53 | **Zweierpacks**	Zwillingsformeln (mit End- oder Stabreim)	gemischt	-	B2	**127**
54 | **Schlendern und rennen, flüstern und brüllen**	Verben	Wortfelder *gehen* und *sprechen*	-	B2	**131**
55 | **Ein Wort erblüht zum Abschied**	beliebig	beliebig (metaphorisch verwendete Wörter)	Schale o. Ä., Wasser, evtl. Scheren	B2	**134**

Anhang   **137**

* Die angegebenen Themen und Wortarten / Wortverbindungen beziehen sich auf beigefügte Kopiervorlagen bzw. angegebene Beispiele. Oft sind die Spiele auch für andere Inhalte geeignet.

** Zusätzlich zu den Erklärungen und ggf. den Kopiervorlagen in diesem Buch brauchen Sie noch das hier angegebene Material.

*** Die Angabe des Niveaus bezieht sich auf beigefügte Kopiervorlagen bzw. auf angegebene Beispiele. Viele Spiele können – mit entsprechenden Veränderungen – auch auf anderen Niveaus eingesetzt werden, s. Varianten.

1 | Klatsch und duck

Sprachniveau
alle

Lerninhalt / Themenfeld
Wortschatz üben und verankern: beliebiger Wortschatz („schwierige" Wörter)

Anzahl der Spielerinnen / Spieler
alle / Großgruppe

Spieldauer
ca. 5 Minuten

Spielverlauf
Fragen Sie die Lernenden nach 5 – 7 Wörtern aus dem Stoff der letzten Zeit, mit denen sie Schwierigkeiten haben, etwa weil sie die Aussprache kompliziert finden oder weil sie sich die Wörter schlecht merken können. Schreiben Sie diese Wörter an die Tafel, üben Sie die richtige Aussprache und klären Sie ihre Bedeutung.

Stellen Sie sich anschließend mit der Gruppe im Kreis auf. Zeigen Sie durch Blickkontakt und erhobene Hände, dass Sie mit der übernächsten Person rechts von Ihnen (LN 2) die Hände gegeneinander klatschen wollen. Damit das geht, muss sich die Person dazwischen ducken. Beim Klatschen sagen Sie laut und deutlich eins der gesammelten Wörter. Zeigen Sie dann auf die Personen direkt rechts von Ihnen und drei Plätze weiter (LN 1 und LN 3) und sagen Sie: „Jetzt Sie!" LN 2 duckt sich, LN 1 und LN 3 klatschen, während LN 1 das Wort wiederholt. Dann klatscht LN 2 mit LN 4 (LN 3 duckt sich), LN 3 mit LN 5 (LN 4 duckt sich) usw. Lassen Sie das Wort, je nach Gruppengröße, zwei- bis dreimal durch den Kreis wandern, während das Tempo gesteigert wird. Wenn es gut läuft, geben Sie weitere Wörter in den Kreis. Immer, wenn ein Wort wieder bei Ihnen angekommen ist, können Sie es bei Bedarf gegen ein neues austauschen.

Variante
Man kann auf diese Weise auch Wortschatz aus bestimmten Wortfeldern / Themenbereichen wiederholen; dann wird beim Klatschen jeweils ein neues Wort gesagt.

Redemittel
- Huhu!
- Achtung!
- Duck dich!
- Runter!

2 | Menschliche Graffiti

Sprachniveau
alle

Lerninhalt / Themenfeld
Wortschatz verankern: beliebiger Wortschatz

Anzahl der Spielerinnen / Spieler
alle / Großgruppe

Spieldauer
ca. 5 Minuten

Spielverlauf

1. Um festzulegen, welcher Wortschatz wiederholt werden soll, kann man eine Wortschatzsammlung nutzen (Flipcharts aufhängen oder Karten verteilen; s. Einleitung). Alternativ lässt man die Lernenden in zwei Gruppen wichtigen Wortschatz aus der letzten Zeit notieren (Extrazeit einplanen). Eine weitere Möglichkeit ist, einfach die aktuelle Wortschatzliste im Lehrwerk zu benutzen.
2. Man braucht eine freie Wand und freien Platz zum Anlaufen (notfalls draußen spielen). Ungefähr die Hälfte der Gruppe stellt sich in einigen Metern Entfernung gegenüber der Wand auf, die andere Hälfte stellt sich an die Seite.
3. Jemand aus der seitlichen Hälfte ruft ein Wort oder eine Wendung. Die andere Hälfte rennt sofort und ohne zu zögern auf die Wand zu. An dieser erstarren alle (jeder für sich) zu Graffiti und bleiben einen kurzen Moment so stehen, damit die anderen Zeit haben, das Bild zu bewundern. Dabei gibt es keine richtige oder falsche Art, das Wort oder die Wendung darzustellen; alle zeigen einfach das, was ihnen auf dem kurzen Weg zur Wand zu dem gerufenen Begriff eingefallen ist. Danach laufen sie schnell an den Start zurück und der nächste Begriff wird gerufen. Nach 4 – 5 Graffiti tauschen die Gruppen ihre Plätze.

Anmerkungen

- Dieses Spiel ist gut geeignet, wenn eine Bewegungspause gewünscht ist.
- Wenn Sie eine spielfreudige, eher extravertierte Gruppe unterrichten, können Sie auf die Aufteilung in zwei Hälften verzichten. Dann werden die Wörter einfach von denen gerufen und dargestellt, die Lust dazu haben. Für Gruppen mit schüchternen Teilnehmerinnen / Teilnehmern bietet das Agieren im Team Schutz.

3 | Mit dem Bauchnabel zeichnen

Sprachniveau
alle

Lerninhalt / Themenfeld
Wortschatz wiederholen: Nomen; Thema beliebig

Anzahl der Spielerinnen / Spieler
alle / Großgruppe

Spieldauer
ca. 5 Minuten

Vorbereitung
- Wörter, die wiederholt werden sollen, auswählen (zeichnerisch darstellbare Nomen)

Spielverlauf
Bitten Sie die Lernenden, in die Mitte des Raumes zu kommen. Sagen Sie:
- „Zeichnet / Zeichnen Sie bitte ein / eine … in die Luft – und zwar mit dem rechten Zeigefinger."
- „Und jetzt ein / eine … – mit dem linken Zeigefinger."
- „Jetzt zeichnet / zeichnen Sie ein / eine … – mit dem linken Ellenbogen."
- …

Geben Sie immer akrobatischere Zeichenaufträge, z. B. mit dem Knie, mit dem Bauchnabel, mit dem linken Ohr, mit der Ferse, mit der Hüfte usw.

Anmerkungen
- Dieses Spiel ist als lustige Bewegungspause geeignet.
- Wenn Sie das Spiel auf A1-Niveau einsetzen möchten und noch nicht viele Körperteile bekannt sind, ist das kein Problem: Spielen Sie mit und zeigen Sie einfach bei sich selbst, welchen Körperteil Sie meinen. Der Wortschatz für die Körperteile kann so am Rande miterworben werden, falls gewünscht. Fragen Sie nach dem Spiel, ob sich die Lernenden an Bezeichnungen für Körperteile erinnern, und sammeln Sie diese an der Tafel.

4 | Wortschatzwiederholung über Kreuz

Sprachniveau
alle

Lerninhalt/Themenfeld
Wortschatz wiederholen: beliebiger Wortschatz (nach Oberbegriffen/Themen)

Anzahl der Spielerinnen/Spieler
alle/Großgruppe

Spieldauer
5–10 Minuten

Benötigtes Material
■ mindestens 20 Steinchen, Knöpfe oder Streichhölzer

Vorbereitung
■ 5–7 Oberbegriffe/Themen aus der Liste auf S. 21 auswählen oder eigene Ideen notieren

Spielverlauf
Alle sitzen in einem möglichst engen Stuhlkreis. In der Mitte liegen die Steinchen, Knöpfe oder Streichhölzer. Alle Lernenden kreuzen mit den Sitznachbarinnen/ Sitznachbarn die Unterschenkel; dabei werden die Füße flach nebeneinander auf den Boden gesetzt. Bevor Sie mit der Wortschatzwiederholung beginnen, üben Sie mit den Lernenden das korrekte „Füßeklopfen": Gegen den Uhrzeigersinn klopfen die Füße nacheinander in der Reihenfolge, wie sie stehen. Beispielsweise beginnt Person 1 und klopft mit dem rechten Fuß auf den Boden. Sofort danach klopft der nächste rechts stehende Fuß, also der linke Fuß von Person 3, dann der rechte Fuß von Person 2 usw. Jeder Fuß darf auch doppelt klopfen – das bedeutet, dass die Richtung sich ändert.
Wenn das Spiel verstanden ist, beginnt die Wortschatzwiederholung. Nennen Sie das erste Oberthema. Bei jedem Klopfen muss ein passendes Wort gesagt werden. Die Wörter dürfen sich nicht wiederholen! Nach einer Weile rufen Sie „Stopp" und nennen das nächste Oberthema. Wer einen Fehler macht, also falsch klopft, ein Klopfen verschläft, ein Wort wiederholt oder kein Wort weiß, muss ein Steinchen o.Ä. vor seinen Stuhl legen. Gewonnen hat, wer am Ende die wenigsten Steinchen hat.

Variante
Wenn Sie meinen, dass das Spiel für Ihre Lernenden zu viel Körperkontakt bedeutet, kann mit überkreuzten Händen statt Füßen gespielt werden. Dafür braucht man dann eine Fläche, um die alle Platz finden, also z.B. mehrere zusammengestellte Tische.

Anmerkungen
■ Spielen Sie nicht zu lange, sondern lieber öfter, falls das Spiel den Lernenden Spaß macht.
■ Dieses Spiel ist ohne zu sprechen ein bekanntes Partyspiel.

Redemittel
■ Das hatten wir schon!
■ Du musst/Sie müssen einen Stein nehmen!

Vorschläge für Oberbegriffe / Themen

Nomen

- Speisen
- Getränke
- Lebensmittel
- Länder
- Sprachen
- Hobbys
- Kleidungsstücke
- Möbel
- Berufe
- Tiere
- Natur und Landschaft
- Bauwerke, Geschäfte, Orte in der Stadt
- Urlaub
- Wetter
- Körperteile
- Verkehrsmittel
- Materialien
- Unterhaltung, Kultur, Sehenswürdigkeiten
- Sportarten
- Schul- und Studienfächer
- Personen und Institutionen in der Politik
- Autoteile
- Werkzeuge
- Büroinventar
- Krankheiten
- Abteilungen und Positionen in Firmen
- …
- …
- …
- …

Verben (Infinitive)

Was macht man …

- jeden Tag?
- auf der Arbeit?
- in der Freizeit?
- in der Schule / Uni?
- zu Hause?
- mit Freunden?
- …

Verben (Partizipien)

Was wird hier gemacht?

- in einer Fabrik
- in der Schule / Uni
- in einem Geschäft
- auf der Straße
- auf einem Bauernhof
- in einem Büro
- …

Adjektive

- Farben
- Wie können Menschen sein?
- Wie können Dinge sein?
- Wie können Situationen sein?
- …

Sonstiges

- Zeitangaben (Antworten auf *Wann?*)
- Ortsangaben (Antworten auf *Wo?*)
- …
- …
- …

5 | Wortschatzwiederholung aus dem Hut

Sprachniveau
alle

Lerninhalt / Themenfeld
Wortschatz verankern und wiederholen: beliebiger Wortschatz

Anzahl der Spielerinnen / Spieler
alle / Großgruppe

Spieldauer
ca. 10 – 15 Minuten, abhängig von der Größe der Gruppe

Benötigtes Material
- Behälter: Hut, Tasche, Kästchen o. Ä.
- kleine Zettel

Spielverlauf
Jede / Jeder Lernende überlegt sich eine Vokabel oder eine Redewendung aus dem Lernstoff der letzten Zeit, die sie / er besonders wichtig, nützlich oder schön findet, und schreibt diese auf einen Zettel. Alle Zettel werden im Hut gesammelt. Dabei können Doppler vorkommen, was aber nicht schlimm ist. Die / Der erste Lernende bekommt den Hut, zieht ein Wort und spricht kurz über das, was ihr / ihm dazu einfällt (nicht länger als eine halbe Minute). Dies können persönliche Assoziationen sein oder die Äußerung kann zu einem Thema aus dem Lehrbuch passen. Dann wird der Hut an die nächste Person weitergegeben.

Varianten
- Auch im Anfängerbereich ist das Spiel möglich. Ein ausreichender Kommentar wäre hier beispielsweise ein einzelner Satz, ein Ein-Wort-Kommentar („Lecker!") oder eine Geste bzw. Pantomime.
- Welcher Wortschatz wiederholt werden soll, kann auch die Lehrkraft bestimmen. In diesem Fall kommen vorbereitete Zettel in den Hut.

Redemittel
- Dazu fällt mir ein …
- Dabei denke ich an …
- Das finde ich …, weil …

Anschlussaktivität
Man kann die Zettel aufbewahren und nach ein paar Wochen mit den Lernenden überprüfen, was sie behalten haben. Anschließend können die Zettel der Sammlung hinzugefügt werden (s. Einleitung).

6 | Nimm was!

Sprachniveau
A1

Lerninhalt / Themenfeld
- Wortschatz üben und anwenden: Nomen; persönliche Gegenstände, Gegenstände im Klassenraum o. Ä.
- Grammatik: Akkusativergänzung mit bestimmtem Artikel

Anzahl der Spielerinnen / Spieler
beliebig viele Paare oder 4er-Gruppen

Spieldauer
ca. 10 – 15 Minuten

Benötigtes Material
- persönliche Gegenstände, Gegenstände im Klassenraum o. Ä.

Spielverlauf
Räumen Sie Ihre Taschen aus und legen Sie die Dinge auf drei kleine Haufen.
Bevor Sie die Dinge ablegen, halten Sie sie hoch und bezeichnen Sie sie jeweils.

Beispiel: „Ein Kugelschreiber … ein Päckchen Taschentücher … Tabletten … ein Schlüssel …"

Spielen Sie jetzt das Spiel exemplarisch durch. Fordern Sie eine Person auf: „Nehmen Sie etwas! Eine, zwei oder drei Sachen. Bitte nur von hier oder von hier oder von hier." Zeigen Sie dabei jeweils auf einen Haufen. Wenn die / der Lernende zugreift, sagen Sie: „Sprechen Sie bitte!".

Beispiel: „Ich nehme die Taschentücher."

Wenn die / der Lernende bis zu drei Dinge genommen hat (nur von einem Haufen!), sind Sie dran. Wechseln Sie sich ab, bis nur noch ein Gegenstand übrig ist. Wer den letzten Gegenstand nehmen muss, hat verloren.
Die Lernenden spielen mit eigenen Dingen weiter, in Paaren (eins gegen eins) oder in zwei Teams. Gehen Sie herum und achten Sie darauf, dass gesprochen wird.

Varianten
- Statt des Inhalts der eigenen Tasche können auch Gegenstände im Klassenraum benutzt werden.
- Auch andere Wortfelder können geübt werden, indem Sie Bildkarten statt Gegenständen verwenden, z. B. Essen und Getränke, Kleidung, Möbel, Tiere, Berufe usw.
- Bei weiter fortgeschrittenen Lernenden kann man Adjektive zur Bezeichnung der Dinge hinzunehmen („Ich nehme den roten Kugelschreiber.").

Anmerkung
Wie viele Gegenstände jeweils auf den drei Haufen liegen, spielt keine Rolle, auch nicht, ob die Haufen gleich groß sind. Wichtig ist aber, dass während eines Spielzugs nur Gegenstände von einem Haufen genommen werden; nur so ist eine mathematische Spielstrategie möglich.

7 | Gleiche Vorlieben, verschiedene Vorlieben

Sprachniveau
A1

Lerninhalt / Themenfeld
Wortschatz üben und anwenden: Nomen, Verben (+ *gern*); Thema beliebig

Anzahl der Spielerinnen / Spieler
alle / Großgruppe

Spieldauer
ca. 5 Minuten

Vorbereitung
■ vier Sprechblasen mit den Redemitteln unten an die Tafel zeichnen

Spielverlauf
Für das Spiel braucht man etwas freien Platz. Alle Lernenden kommen in die Mitte. Stellen Sie sich an eine freie Stelle im Raum und rufen Sie

Beispiel: „Ich lese gern. Sie auch?"

Fordern Sie die Lernenden auf, sich zu Ihnen zu stellen, wenn sie diese Vorliebe teilen. Zeigen Sie auf die Sprechblasen und bedeuten Sie den Lernenden in Ihrer Gruppe, laut im Chor „Wir auch!" zu rufen. Die restlichen Lernenden versammeln sich an einer anderen Stelle und rufen „Wir nicht!" Laufen Sie an einen anderen Platz und nennen Sie eine andere Vorliebe. Alle sollen wieder schnell reagieren, zu Ihnen hin- oder von Ihnen weglaufen und rufen. Warten Sie danach, bis eine Lernerin / ein Lerner die Initiative ergreift, selbst an einen freien Platz läuft und eine Vorliebe nennt. Die Gruppe teilt sich ständig neu auf.

Redemittel
■ Ich mag … (+ Nomen)
■ Ich … gern. (+ Verb)
■ Wir auch.
■ Wir nicht.

Variante
Das Spiel ist auch gut geeignet, um Redewendungen zur Meinungsäußerung zu üben (B1):
„Ich finde / denke / meine / bin der Meinung, dass …" – „Ich auch!" / „Da stimme ich dir zu." / „Das sehe ich anders." / „Das stimmt nicht."
Bei dieser Variante sollten die Lernenden nicht im Chor rufen, sondern jede / jeder für sich.

Anschlussaktivität
Erinnern sich die Lernenden an die Vorlieben der anderen? Teilen Sie die Gruppe in zwei Teams, die abwechselnd an der Reihe sind. Eine Lernende / Ein Lernender aus Team A fragt eine Person aus Team B. Was richtig behalten wurde, bringt dem Team einen Punkt.

Beispiel: „Du magst Hunde, stimmt's?"

8 | Mit Tante und Onkel im Supermarkt

Sprachniveau

A1

Lerninhalt/Themenfeld

■ Wortschatz üben: Lebensmittel, Preise

■ Grammatik: Demonstrativpronomen *der, das, die*

Anzahl der Spielerinnen/Spieler

alle/Großgruppe

Spieldauer

ca. 10 Minuten (5 Minuten zum Einüben, 5 zum Spielen)

Spielverlauf

Dieses Fangspiel braucht reichlich freien Platz (man kann auch draußen spielen).
Vor Beginn lassen Sie den kurzen Frage- und Antwortdialog mit verschiedenen
Lebensmitteln und Preisen üben (s. Beispiel). Dann stellen sich alle nebeneinander
auf. Eine Person ist „Tante" oder „Onkel" und steht der restlichen Gruppe in einigen
Metern Abstand gegenüber. Jemand aus der Gruppe beginnt einen Dialog und
Tante oder Onkel antwortet. Dies wird mehrmals wiederholt. Sobald die Tante/der
Onkel „Viel zu teuer!" ruft, versuchen alle, einen vorher festgelegten Platz zu
erreichen, ohne von der Tante/dem Onkel gefangen zu werden.

Beispiel:	LN 1: „Onkel Jaroslav, brauchen wir Butter?" Onkel: „Ja, wie viel kostet die?" LN 1: „1 Euro 90." Onkel: „Okay."/„Gut."/„In Ordnung." LN 2: „Onkel Jaroslav, brauchen wir Kartoffeln?" Onkel: „Ja, wie viel kosten die?" LN 2: „98 Cent." Onkel: „Viel zu teuer!" (Das ist das Stichwort zum Loslaufen.)

Wer gefangen wurde, schließt sich der Fängerseite an und kann in der nächsten
Runde ebenfalls als Tante oder Onkel angesprochen werden. Die letzte Person, der
es gelungen ist, nicht gefangen zu werden, gewinnt das Spiel.

Anschlussaktivität

Als kurzer Grammatikdrill mit den Demonstrativpronomen werden Lebensmittel
gerufen, die im Spiel vorkamen. Die Gruppe antwortet jeweils im Chor mit der
korrekten Frage.

Beispiel:	„Reis!" – „Wie viel kostet der?"/„Birnen!" – „Wie viel kosten die?"

Variante

Natürlich können auch andere Dinge gekauft werden, z. B. Gegenstände für die
Wohnung (Kühlschrank, Pfanne, …), Kleidung (Pullover, Kleid, …) usw.

9 | Schnelle Zahlen

Sprachniveau
A1

Lerninhalt / Themenfeld
Wortschatz üben: große Zahlen

Anzahl der Spielerinnen / Spieler
alle / Großgruppe; 3 oder 4 gleich große Teams (s. Spielverlauf)

Spieldauer
10 – 15 Minuten

Benötigtes Material
■ Papier mit einer weißen Seite (Schmierpapier ist geeignet)
■ Marker
■ Klebeband oder Sicherheitsnadeln

Spielverlauf
Für das Spiel wird etwas freier Platz gebraucht, sowie drei oder mehr gleich große Teams von 5 – 8 Personen. So können Sie die Gruppe aufteilen: 15 Lernende: 3 × 5; 18 Lernende: 3 × 6; 20 Lernende: 4 × 5; 21 Lernende: 3 × 7; 24 Lernende: 3 × 8 oder 4 × 6. Je größer die Teams sind, desto anspruchsvoller wird das Spiel. Falls Sie eine andere Anzahl an Lernenden haben, werden die überzähligen Personen zu „Springerinnen / Springern" ernannt, s. unten.

1. Schreiben Sie als Beispiel eine Zahl an, die so viele Stellen hat, wie die Teams Mitglieder haben, und die sich aus verschiedenen Ziffern, fortlaufend ab 1, zusammensetzt (z. B. 23.154, wenn Sie 5er-Gruppen haben, oder 68.742.135 bei 8er-Gruppen). Lassen Sie die Zahl laut vorlesen. Lesen Sie dann, bei 1 beginnend, jede einzelne Ziffer vor und zeigen Sie dabei darauf, um zu demonstrieren, dass sich die Zahl aus fortlaufenden Ziffern zusammensetzt.
2. Jedes Team schreibt eine Liste mit 8 – 10 solcher Zahlen. Gehen Sie herum und stellen Sie sicher, dass die Zahlen der Aufgabenstellung entsprechen.
3. Jedes Teammitglied bekommt eine der zur Verfügung stehenden Ziffern (1 – 5/6/7/8) zugeteilt und heftet sich diese, groß mit einem Marker geschrieben, an. Falls es Springerinnen / Springer gibt, werden einzelne Ziffern doppelt vergeben; Teammitglieder mit der gleichen Ziffer wechseln sich dann während des Spiels ab.

Zeichnen Sie ein Raster an die Tafel, um für jedes Team die Punkte festzuhalten. Ein Mitglied von Team A beginnt und liest die erste Zahl von der Teamliste vor (am besten mehrmals). Die anderen Teams stellen sich möglichst schnell in der richtigen Reihenfolge auf. Das Team, welches dies zuerst schafft, bekommt einen Punkt. Dann kommt Team B mit Vorlesen dran usw.

Anmerkungen
■ Achten Sie darauf, dass sich die Teammitglieder beim Vorlesen abwechseln.
■ Falls Sie im Unterricht wenig Zeit haben, können Sie die Zahlenlisten auch vorbereiten und austeilen; dann entfallen Schritt 1 und 2.

Redemittel
■ Richtig!
■ Nein, das stimmt noch nicht.
■ Lies / Lesen Sie bitte noch mal vor.

10 | Gegenteil-Kreis

Sprachniveau
A1

Lerninhalt / Themenfeld
Wortschatz wiederholen: Adjektive, Verben, Nomen; Thema beliebig (Gegenteile)

Anzahl der Spielerinnen / Spieler
alle / Großgruppe

Spieldauer
5 – 10 Minuten

Spielverlauf

1. Sammeln Sie ein paar Beispiele für Gegenteil-Paare. Das können Adjektivpaare sein wie *teuer – billig*, aber auch Verbpaare wie *kaufen – verkaufen* oder Nomenpaare wie *Mann – Frau*.
2. Die Gruppe stellt sich im Kreis auf. Eine Person (LN 1) beginnt und sagt ein Wort. Alle, denen dazu kein Gegenteil einfällt, schauen zu Boden. LN 1 nimmt Blickkontakt zu einer anderen Person (LN 2) auf und nickt ihr zu. LN 2 sagt das Gegenteil, dann tauschen die beiden den Platz. Eine andere Person sagt ein neues Wort und so fort.

Beispiel:

> LN 1: „Schwarz." (Nickt LN 2 zu.)
> LN 2: „Weiß." (LN 1 und LN 2 tauschen die Plätze.)
> LN 3: „Schlafen." (Alle schauen zu Boden, also passiert weiter nichts mit diesem Wort.)
> LN 4: „Kinder." (Nickt LN 5 zu.)
> LN 5: „Erwachsene." (LN 4 und LN 5 tauschen die Plätze.)

Varianten
Statt mit Gegensatzpaaren kann (auf der entsprechenden Lernstufe) auch mit anderen Wortschatzpaarungen gespielt werden. Geeignet sind z. B.
- Synonyme *(umsonst – kostenlos)*
- Paare aus derselben Wortfamilie *(setzen – absetzen, verändern – Veränderung, Kommunikation – kommunikativ)*
- Floskeln und passende Antworten *(Danke. – Gern geschehen.)*
- Orte und Tätigkeiten *(Restaurant – bestellen, Bus – einsteigen).*

Anmerkung
Da es ohne Folgen bleibt, wenn man etwas nicht weiß oder sich nicht beteiligt, kann das Spiel besonders im Anfangsunterricht eine entspannte Atmosphäre schaffen.

Anschlussaktivität
Die Lernenden notieren in Gruppen möglichst viele Gegenteilpaare, an die sie sich erinnern.

11 | 20 Leute, 20 Wochenenden

Sprachniveau
A1

Lerninhalt / Themenfeld
- Wortschatz anwenden: Verben, Verbgefüge; Freizeitaktivitäten
- Grammatik: Perfekt, Präteritum von *sein* und *haben*

Anzahl der Spielerinnen / Spieler
alle / Großgruppe (bis zu 20 Personen)

Spieldauer
15 – 20 Minuten

Vorbereitung
- Kopiervorlage für alle Lernenden einmal kopieren
- auf jeder Kopie eine andere der dargestellten Personen rot markieren (s. Anmerkung)

Spielverlauf
1. Sammeln Sie vor dem Spiel Wortschatz für Freizeitaktivitäten an der Tafel: z. B. *schlafen, joggen, spazieren gehen, Freunde treffen, fernsehen, schwimmen, faulenzen* usw.
2. Alle bekommen eine Kopie, die sie niemandem zeigen dürfen. Für die jeweils markierte Person sollen die Lernenden ein Wochenende erfinden. Sagen Sie: „Eine Person ist rot markiert. Was hat diese Person am letzten Wochenende gemacht? Bitte notieren Sie sich Stichwörter auf den Linien."
3. Wenn alle fertig sind, stehen sie auf und befragen wechselnde Partnerinnen / Partner.

   Beispiel: | „Was hat Herr Schmidt am Wochenende gemacht? Weißt du das?"

   Die Lernenden notieren sich stichwortartig auf den Linien der Kopie, was sie herausgefunden haben.
4. Nach ca. zehn Minuten stoppen Sie das Spiel. Wer hat die meisten Informationen gefunden?

Variante
Es können auch andere Angaben zu den Personen stichwortartig ergänzt und erfragt werden, z. B. Was isst die Person zum Frühstück? Was hat sie zu Weihnachten bekommen?

Anmerkung
Das Spiel ist für Gruppen von bis zu 20 Lernenden geeignet. Wenn es weniger als 20 sind, markieren Sie auf einigen Blättern eine zusätzliche Person, sodass alle 20 dargestellten Personen erfasst sind, oder streichen Sie vor dem Kopieren die entsprechende Anzahl an Personen aus.

Redemittel
- Was hat … am Wochenende gemacht? – Weißt du das? / Wissen Sie das?
- Tut mir leid, das weiß ich nicht.
- Sie / Er hat / ist …
- Sie / Er war / hatte …

19: Anne

18: Frau Gehrling-Heimrath

3: Benni

15: Frau Engelbert

8: Basti

13: Frau Köhm

17: Lara

6: Izuja

10: Herr Winter

14: Sissy

20: Oksana

9: Kurt

16: Freema

12: Marianne

7: Waldemar

2: Tobi

4: Herr Pschorr

11: Suse

5: Gregor

1: Herr Schmidt

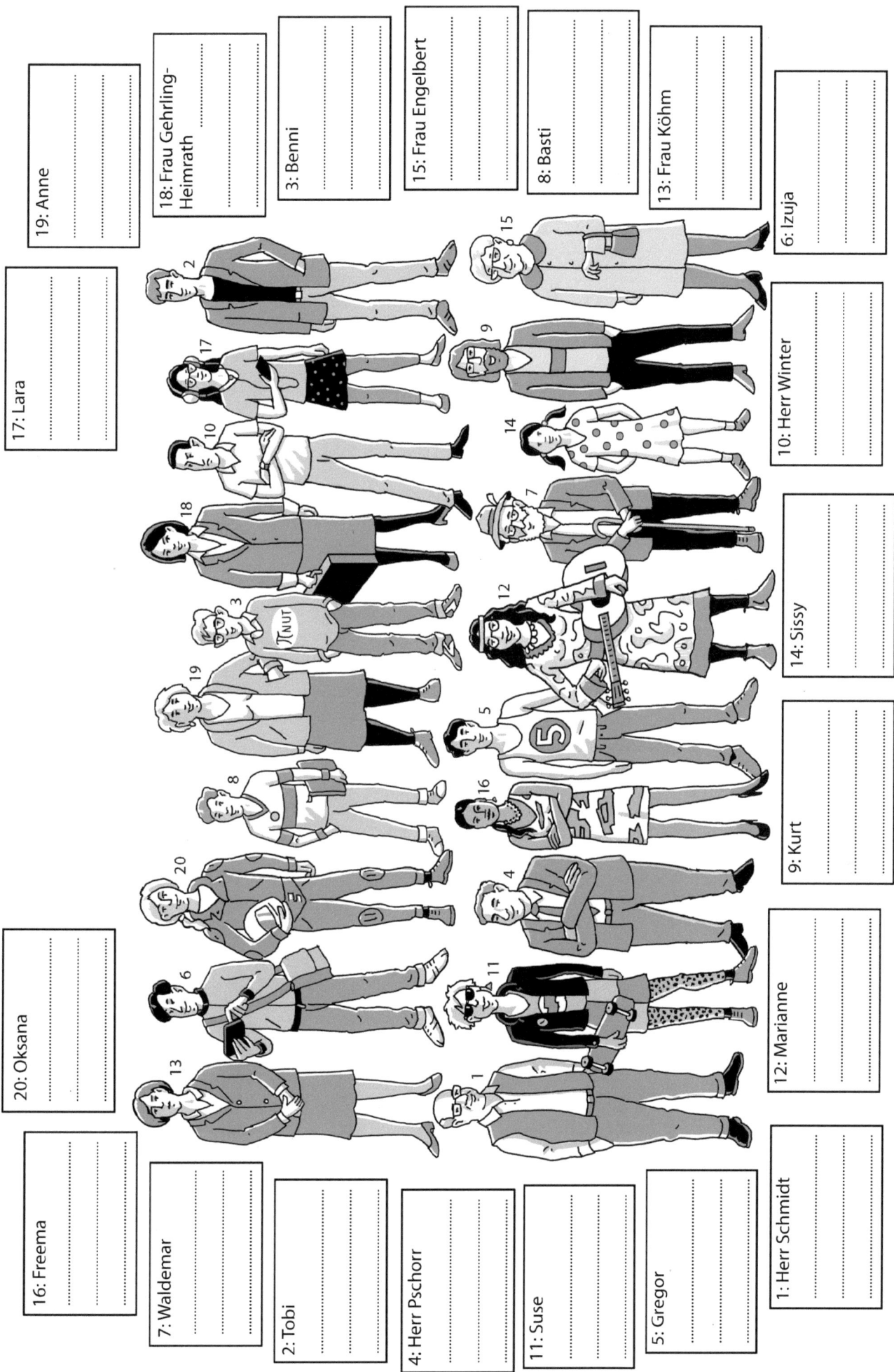

Klett

12 | Chunks klauen

Sprachniveau
A1

Lerninhalt / Themenfeld
Wortschatz wiederholen und testen: Chunks, Kollokationen; Freizeit

Anzahl der Spielerinnen / Spieler
alle / Großgruppe (in zwei Teams)

Spieldauer
ca. 10 – 15 Minuten, abhängig von der Größe der Gruppe

Benötigtes Material
- evtl. schnelle Musik zur Begleitung

Vorbereitung
- Kopiervorlagen kopieren und zerschneiden oder eigene Karten mit den zu wiederholenden Chunks bzw. Kollokationen schreiben

Spielverlauf
Man braucht zwei Tische an verschiedenen Enden des Raumes mit genug Bewegungsfreiheit dazwischen. Die Karten der Kopiervorlagen werden gemischt und offen auf den beiden Tischen ausgelegt (gleiche Anzahl pro Tisch). Es werden zwei Teams gebildet. Jedes Team geht zu einem Tisch. Die Teams haben je nach Niveau 1–3 Minuten Zeit, sich die Karten anzuschauen und gefundene Chunks bzw. Kollokationen zu Paaren zusammenzulegen. Ein Signal (Musik oder anderes akustisches Signal) zeigt an, dass jetzt „geklaut" werden darf: Von jedem Team darf eine Person zum gegnerischen Tisch laufen und sich eine Karte holen. Erlaubt sind aber nur Karten, die nicht bereits in fertigen Konstruktionen verbaut sind. Erst wenn die geklaute Karte erfolgreich am eigenen Tisch eingebaut wurde, darf die nächste Person loslaufen. Wenn das nicht möglich ist (z. B. weil in der Zwischenzeit die andere Hälfte von den Gegnern weggenommen wurde), bleibt die geklaute Karte auf dem eigenen Tisch liegen und die nächste Person läuft los. Nach ein paar Minuten wird das Spiel gestoppt. Alle Lernenden schauen sich beide Tische an und überlegen, ob alles korrekt ist. Gewonnen hat das Team mit den meisten korrekten Konstruktionen.

Varianten
- Erleichterte Variante: Die Kopiervorlagen 1 und 2 werden auf verschiedenfarbiges Papier kopiert.
- Das Spiel kann natürlich auch mit anderem Wortschatz durchgeführt werden. Statt Chunks und Kollokationen können auch Adjektive mit je einem Gegenteil *(klein – groß, jung – alt)* oder Synonyme *(hübsch – schön, laufen – gehen)* auf den Kartenpaaren stehen.

Kopiervorlage 1 (erste Hälften der Konstruktionen)

im Internet	Das finde ich	Viel
Sport	Musik	zu Abend
heute	Zeit-schriften	Das mag ich
ins Restaurant	Freunde	Das gefällt
ins	Fußball	Das mache

Kopiervorlage 2 (zweite Hälften der Konstruktionen)

surfen	langweilig.	Spaß!
machen	hören	essen
Abend	lesen	nicht so.
gehen	treffen	mir.
Kino	spielen	ich gern.

13 | Um die Wette einrichten

Sprachniveau
A1

Lerninhalt / Themenfeld
- Wortschatz üben und anwenden: Nomen bzw. Chunks; Wohnen (Zimmer, Möbel)
- Grammatik: Wechselpräpositionen *in* und *auf*

Anzahl der Spielerinnen / Spieler
beliebig viele 2er- oder 4er-Gruppen

Spieldauer
ca. 15 – 20 Minuten

Benötigtes Material
- pro Gruppe 1 Würfel und 2 Spielfiguren

Vorbereitung
- Kopiervorlage 1 (evtl. auf A3 vergrößert) für jede Gruppe einmal kopieren
- Kopiervorlage 2 (evtl. auf A3 vergrößert) für jede Gruppe einmal kopieren und zerschneiden

Spielverlauf
Jede 2er- bzw. 4er-Gruppe wird geteilt. Einzelne Lernende bzw. 2er-Teams spielen gegeneinander. Jede Gruppe bekommt einen Spielplan (Kopiervorlage 1) und einen Würfel, jede Einzelspielerin / jeder Einzelspieler bzw. jedes 2er-Team bekommt außerdem eine Spielfigur und einen Kartensatz (Kopiervorlage 2). Die Spielfiguren werden auf das Startfeld vor der Wohnungstür gestellt. Ziel ist es, am Ende des Spiels möglichst wenige Karten übrig zu haben. Mit jeder gewürfelten Zahl darf (und muss) man die entsprechende Anzahl von Feldern vorwärts oder rückwärts gehen und sich so von Zimmer zu Zimmer bewegen. Wenn eine 3 oder 6 gewürfelt wird, darf man (muss aber nicht) statt zu gehen, eine Karte ablegen – aber nur in dem Zimmer, in dem man sich gerade befindet, und nur, wenn der entsprechende Platz noch nicht belegt ist. Dazu muss gesprochen werden (s. Beispiele / Redemittel auf dem Spielplan). Das Spiel ist zu Ende, wenn alle Plätze belegt sind.

Varianten
- Wohnungsauflösung: Hierbei ist das Ziel, möglichst viele Karten einzusammeln. Zu Beginn werden alle Felder mit den passenden Karten belegt (dafür genügt also ein Kartensatz). Bei einer gewürfelten 3 oder 6 darf man ein Möbelstück aus dem Zimmer wegnehmen, in dem man sich gerade befindet.

    Beispiel: | „Ich nehme den Schreibtisch."

- In fortgeschrittenen Lerngruppen kann obige Variante so gespielt werden, dass begründet werden muss.

    Beispiel: | „Ich nehme den Schreibtisch, weil mein alter zu klein ist / denn ich muss viel schreiben." – „Ich liebe gemütliche Fernsehabende, deshalb nehme ich das Sofa mit."

Kopiervorlage 1

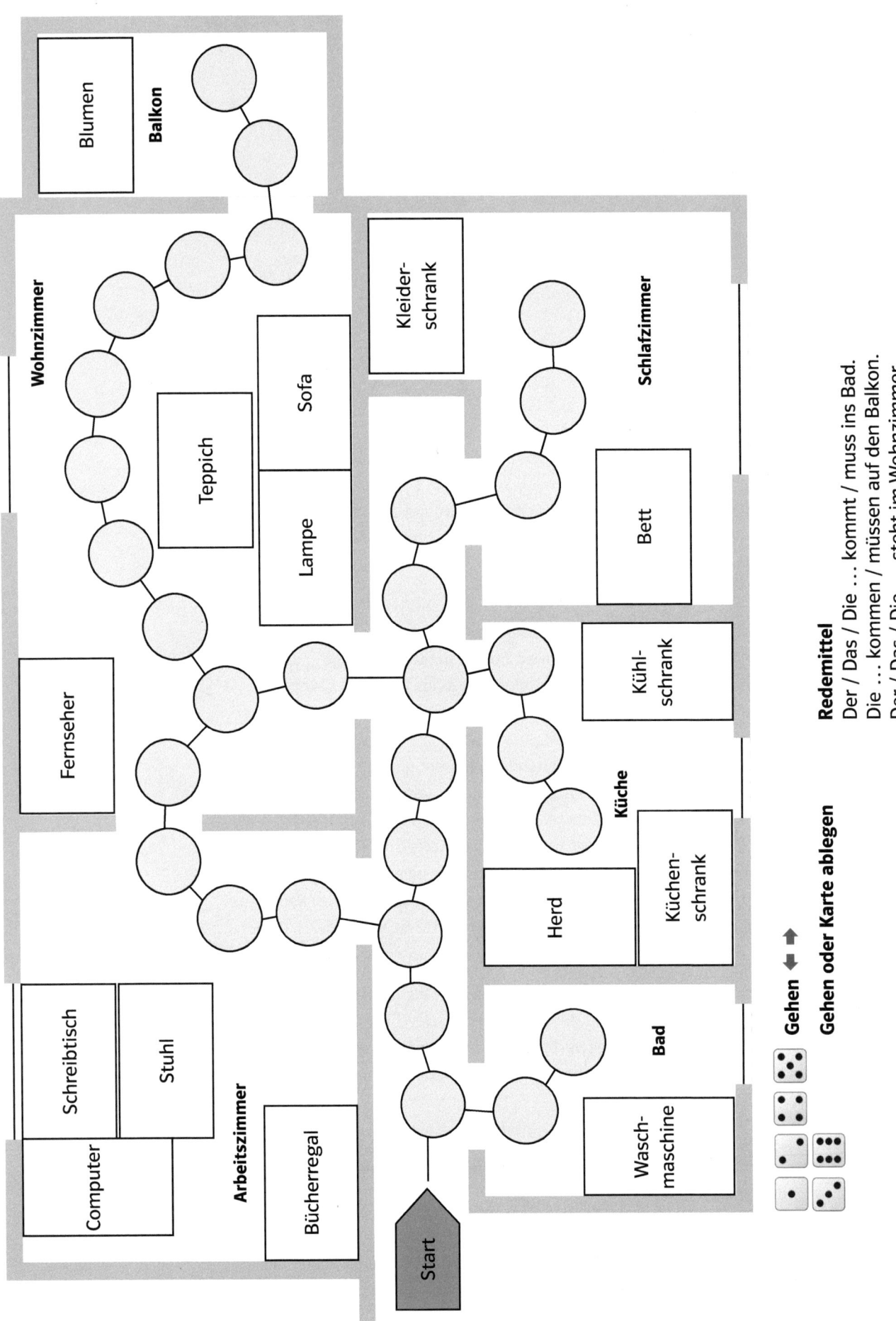

Kopiervorlage 2

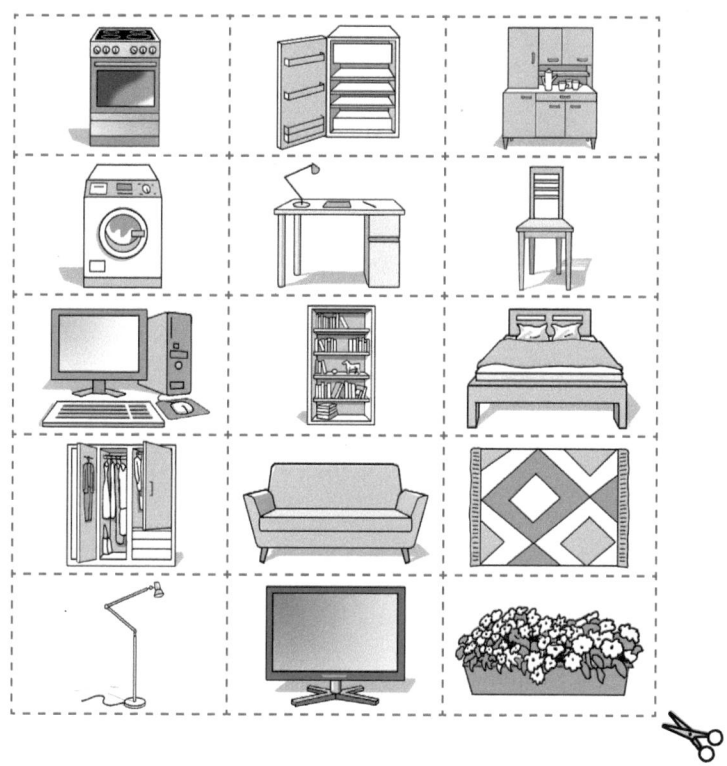

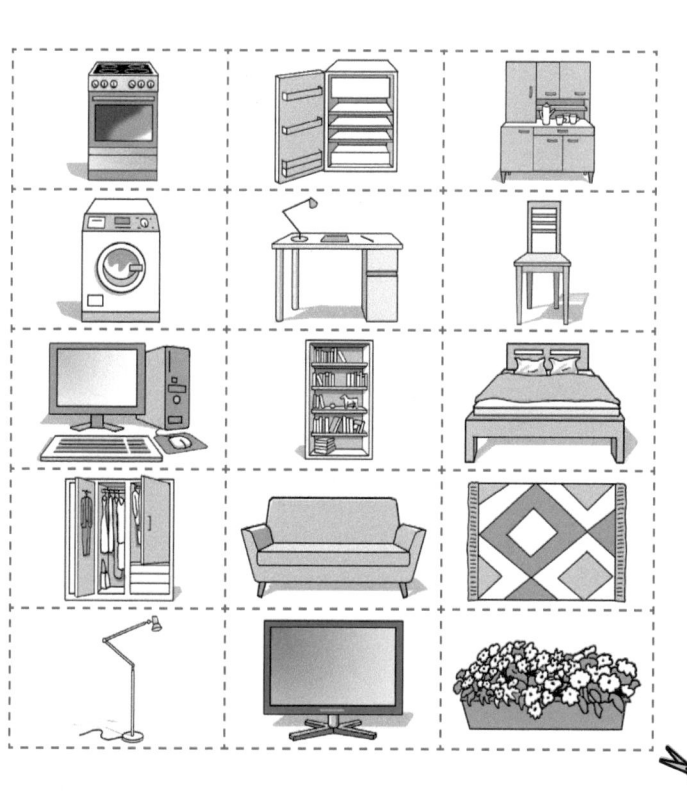

14 | Verkehrslärm

Sprachniveau
A1

Lerninhalt / Themenfeld
Wortschatz üben und anwenden: Nomen; Verkehrsmittel

Anzahl der Spielerinnen / Spieler
alle / Großgruppe (zwei Teams)

Spieldauer
ca. 15 Minuten

Benötigtes Material
- Augenbinden, halb so viele wie Lernende (notfalls können die Lernenden auch die Augen schließen und mit dem Rücken zum Geschehen sitzen)

Spielverlauf
1. Sammeln Sie mit den Lernenden Verkehrsmittel an der Tafel: *Bus, Straßenbahn, Auto, Fahrrad, Motorrad* usw. und schreiben Sie auch *Fußgängerin / Fußgänger* dazu. Lassen Sie jeweils den Plural nennen.
2. Jedes Team macht eine Liste mit so vielen Verkehrsteilnehmenden, wie das Team Mitglieder hat. Beispiel für ein zehnköpfiges Team:

> - 2 Straßenbahnen
> - 1 Bus
> - 3 Autos
> - 2 Fahrräder
> - 1 Fußgängerin
> - 1 Motorrad

   Jedes Teammitglied sucht sich eine Rolle von der Liste aus.
3. Die Mitglieder von Team B setzen sich in einer Reihe nebeneinander und bekommen die Augen verbunden. Die Mitglieder von Team A laufen nacheinander an Team B vorbei und machen dabei Geräusche, die zu ihrer Rolle passen.
4. Alle Mitglieder von Team B zählen aus dem Gedächtnis auf, welche und wie viele Verkehrsteilnehmende sie identifiziert haben. Wer am nächsten an der richtigen Lösung liegt, ist Teamgewinnerin / Teamgewinner.
5. Die Schritte 3 und 4 werden mit vertauschten Rollen wiederholt: Jetzt bekommt Team A die Augen verbunden und Team B macht die Geräusche.

Redemittel
- Da war/en …
- Ich habe … gehört.
- Das stimmt.
- Fast richtig.
- Nicht ganz.

15 | Straßenbau mit Wörtern

Sprachniveau
A1 / A2

Lerninhalt / Themenfeld
- Wortschatz verankern und wiederholen: beliebiger Wortschatz
- Grammatik / Syntax: A1: Begründungen mit *denn*;
  A2: Begründungen mit *weil, deshalb, also* und *passen zu*

Anzahl der Spielerinnen / Spieler
beliebig viele Paare

Spieldauer
15 – 20 Minuten

Vorbereitung
- die Kopiervorlagen 1 und 2 evtl. vergrößern
- Wortschatz (z. B. Stoff der letzten Wochen)
  wie im Beispiel auf Kopiervorlage 2 schreiben
  (die Ausrichtung der Wörter ist unwichtig):
- Kopiervorlage 1 für jede Gruppe einmal kopieren
- ausgefüllte Kopiervorlage 2 für jede Gruppe einmal kopieren und zerschneiden

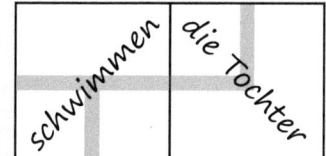

Spielverlauf
Am besten machen Sie und eine Lernerin / ein Lerner das Spiel kurz vor: Jede
Person bekommt drei Kärtchen von Kopiervorlage 2. Es wird ausgelost, wer
Spielerin / Spieler A ist und anfangen darf (z. B. mit Stein-Schere-Papier oder durch
Würfeln). Ziel ist es, per Straßenbau als Erste / Erster eins der beiden Zielfelder zu
erreichen. A legt eine Karte auf das mittlere Feld (z. B. *schwimmen*) und zieht eine
neue vom Stapel. Dann kommt B an die Reihe und legt eine Karte (z. B. *Tochter*) an,
muss dies aber begründen.

Beispiel: | „Ich lege *die Tochter*, denn meine Tochter schwimmt gern."

Die Karten müssen so aneinandergelegt werden, dass sich eine Verbindung
zwischen den grauen Balken ergibt. Solange die Möglichkeit besteht, muss gelegt
werden. Die Spielerinnen / Spieler dürfen an jedes offene Straßenende anlegen, um
zu einem ihrer beiden Zielkästchen zu gelangen oder um zu verhindern, dass die
andere Person eins ihrer Ziele erreicht. Nach jedem Anlegen wird eine neue Karte
gezogen. Das Spiel ist zu Ende, wenn jemand eins seiner Zielkästchen erreicht hat,
keine Züge mehr möglich sind oder alle Zielkästchen blockiert sind.

Redemittel
- Ich lege …, denn / weil …
- Ich kann … legen, denn / weil …
- …, deshalb / also kann ich / man diese Wörter zusammenlegen / kombinieren /
  verbinden.

Kopiervorlage 1

Ziel Spielerin / Spieler A				**Ziel** Spielerin / Spieler B
		Start: Hier bitte das erste Wort legen!		
Ziel Spielerin / Spieler B				**Ziel** Spielerin / Spieler A

16 | Schnelle Ergänzung

Sprachniveau
Ende A1

Lerninhalt / Themenfeld
Wortschatz wiederholen und testen: Chunks, Kollokationen; Alltag und Beruf

Anzahl der Spielerinnen / Spieler
alle / Großgruppe

Spieldauer
ca. 5 Minuten (ohne Anschlussaktivitäten)

Vorbereitung
- Kopiervorlagen einmal kopieren, zerschneiden und die Kärtchen in die richtige Reihenfolge bringen
- alternativ: eigene Karten schreiben (s. Variante)

Spielverlauf
Die Lernenden stehen in zwei gleich langen Reihen hintereinander, mit dem Gesicht zu Ihnen. Merken Sie sich die beiden Lernenden, die vorn stehen.
Lesen Sie den Einleitungssatz der ersten Karte vor. Drehen Sie die Karte dann um, sodass die beiden vorderen Lernenden die Ergänzungen sehen können.
Wer zuerst – schön laut! – die korrekte Ergänzung vorliest, darf ans Ende der eigenen Reihe gehen (wenn beide Lernenden gleich schnell sind, gehen beide nach hinten).
Dann geht es mit der nächsten Karte weiter. Wer schon dreimal stehen bleiben musste, darf ebenfalls nach hinten gehen. Wenn eine / einer der beiden Lernenden, die den Anfang gemacht hatten, wieder vorn angekommen ist, gewinnt das entsprechende Team.

Variante
Auch für Korrekturen ist das Spiel gut geeignet: Schreiben Sie dafür jeweils einen Satz aus der Fehlersammlung (s. Einleitung) und eine korrekte Version auf die Karten.

Anmerkung
Falls die Gruppe eine ungerade Zahl hat, gibt es zwei Möglichkeiten: im kleineren Team kommt eine Person zweimal dran oder eine Lernerin / ein Lerner übernimmt das Vorlesen und Zeigen der Karten.

Anschlussaktivität
Nach dem Spiel werden die Karten ausgebreitet und die korrekten Ergänzungen angekreuzt oder mit einem bunten Klebepunkt versehen; die Lernenden können sich dann alles noch einmal in Ruhe ansehen und sich notieren, was sie besonders wichtig finden.

Mirjam ist Informatikerin

als Beruf.

von Beruf.

Sie arbeitet

in der Polizei.

bei der Polizei.

Um sieben Uhr muss sie

aufstehen.

stehen.

Sie

trinkt Kaffee

hat Kaffee

---

und isst Müsli

zum Frühstück.

als Frühstück.

Jetzt ist es

sieben und halb.

halb acht.

Mirjams Auto ist kaputt. Sie muss heute

die S-Bahn nehmen.

die S-Bahn fahren.

Oh nein! Die S-Bahn ist schon

weg.

raus.

Also geht Mirjam

auf Füßen.

zu Fuß.

Sie kommt zu spät ins Büro, aber

das ist nichts,

das macht nichts,

---

denn die Chefin

gibt auch noch nicht.

ist auch noch nicht da.

Um eins

geht Mirjam Mittagspause.

macht Mirjam Mittagspause.

Sie hat

großen Hunger.

schweren Hunger.

Also geht sie

eine Pizza essen.

eine Pizza nehmen.

Die Pizza

ist sehr schmeckt.

schmeckt sehr gut.

Dann geht sie in einen Buchladen und kauft ein Buch **bei Sebastian Fitzek,** **von Sebastian Fitzek,**	denn sie **mag Thriller lesen.** **liest gern Thriller.**	Es ist ein Taschenbuch, das **kostet nicht viel.** **ist nicht viel.**
Mirjam möchte gern **zu Hause gehen** **nach Hause gehen**	und das Buch lesen, aber **das geht nicht.** **das kann nicht.**	Sie muss zurück **zu arbeiten.** **zur Arbeit.**
Im Büro installiert sie ein neues Programm, telefoniert und **stellt Termine.** **macht Termine.**	Nach der Arbeit **macht Mirjam immer Sport.** **spielt Mirjam immer Sport.**	Aber heute nicht, sie möchte **lieber lesen.** **besser lesen.**
Um halb sechs ist sie **nach Hause.** **zu Hause.**	Das Telefon klingelt. Mirjams Freundin **ruft an.** **ruft.**	Sie möchte ins Kino. Aber Mirjam möchte mit ihrem Buch **zum Bett.** **ins Bett.**

Klett

17 | Was darf es sein?

Sprachniveau
Ende A1

Lerninhalt / Themenfeld
Wortschatz wiederholen: Nomen; Themenfelder aus A1

Anzahl der Spielerinnen / Spieler
alle / Großgruppe

Spieldauer
ca. 5–10 Minuten

Vorbereitung
- Kopiervorlage kopieren und zerschneiden

Spielverlauf
Drei Stühle werden nebeneinander aufgestellt. Die Lerngruppe steht in einigem Abstand dazu. Verteilen Sie die Kärtchen. Bitten Sie eine Lernende / einen Lernenden, sich auf den mittleren Stuhl zu setzen und ihr / sein Kärtchen vorzulesen. Setzen Sie sich anschließend schnell auf einen der seitlichen Stühle und sagen Sie laut „Ich bin …" mit einem passenden Nomen.

Beispiel:
> LN 1: „Ich möchte Obst kaufen."
> LK: „Ich bin eine Banane."

Sagen Sie dann zur Gruppe: „Was passt noch? Schnell!" und zeigen Sie, dass der dritte Stuhl auch besetzt werden soll. LN 2 setzt sich und sagt z. B. „Ich bin ein Supermarkt." Alle Assoziationen sind erlaubt! LN 1 entscheidet sich schnell und sagt z. B. „Ich nehme den Supermarkt." LN 1 und LN 2 laufen zurück zur Gruppe. Wer übrig bleibt (in diesem Fall Sie), setzt sich jetzt in die Mitte und startet eine neue Anfrage (Kärtchen vorlesen oder eigene Idee sagen).

Anmerkungen
- Achten Sie auf schnelles Spieltempo. Die Grammatik sollte jetzt keine Rolle spielen.
- Setzen Sie das Spiel ein, wenn eine Bewegungspause gut tut, und spielen Sie nicht zu lange.

Redemittel
- Ich bin …
- Ich nehme …

Anschlussaktivität
Es kann sein, dass Wörter gesagt werden, die nicht alle verstehen. Während des Spiels Fragen zu beantworten wäre eine „Spielbremse"; Sie können sich aber Notizen machen und nach dem Spiel die Lernenden bitten, die entsprechenden Wörter zu erklären.

Ich möchte Gemüse kaufen.	Ich möchte Kleidung kaufen.	Ich möchte Obst kaufen.
Ich suche ein Hobby.	Ich möchte in Urlaub fahren.	Ich möchte lesen.
Ich möchte ein Geschenk für meinen Bruder kaufen.	Ich möchte ein Geschenk für meine Mutter kaufen.	Ich möchte Sport machen.
Ich bin müde.	Ich brauche Möbel.	Ich muss nach Hamburg fahren.
Ich habe Hunger.	Ich habe Durst.	Ich will einen Brief schreiben.
Ich bin krank.	Ich möchte Musik hören.	Ich will eine Party machen.
Ich möchte einen Film sehen.	Ich möchte noch andere Sprachen lernen.	Ich möchte eine Sehenswürdigkeit besuchen.
Ich gehe gern in Geschäfte.	Ich mag Tiere.	Mir ist kalt.

18 | Dresscode

Sprachniveau

A2

Lerninhalt / Themenfeld

- Wortschatz üben und anwenden: Nomen, Adjektive; Kleidung, Farben
- Grammatik: Adjektiv-Deklination (unbestimmter Artikel / Akkusativ)

Anzahl der Spielerinnen / Spieler

alle / Großgruppe

Spieldauer

ca. 10 Minuten

Spielverlauf

1. Die Gruppe und die Lehrkraft sitzen im Kreis. Erklären Sie das Wort *Türsteher* und fragen Sie, ob jemand schon Erfahrungen mit Türstehern gemacht hat (Gesichtskontrolle, Kleidervorschrift usw.).
   Erklären Sie dann die Spielsituation: Sie selbst sind die Türsteherin / der Türsteher vor einem Hochhaus, in dem heute viele Partys stattfinden. Sagen Sie an, wie viele Stockwerke das Haus hat. (Die Anzahl der Stockwerke entspricht der Anzahl der Lernenden, Sie selbst eingerechnet. Diese Formel dürfen Sie aber nicht verraten!)

2. Die Lernenden sollen versuchen, ins Haus zu kommen. Aber nicht auf jeder Party ist man willkommen, wenn man die falsche Kleidung trägt! Wer ins Haus will, muss Ihnen sagen, welche Kleidung sie / er (angeblich) trägt – dies soll frei erfunden werden – und in welches Stockwerk sie / er will. Wenn also beispielsweise Megan ins Haus möchte, spricht sie Sie so an:

Beispiel:	LN: „Guten Abend, ich möchte gern in den 10. Stock."
	LK: „Aha, da müssen wir erst mal schauen, ob Sie richtig angezogen sind."
	LN: „Ja, sehen Sie hier, ich trage ein blaues T-Shirt und eine weiße Hose."
	LK: „Tut mir leid, ich kann Sie nicht ins Haus lassen. Sie können gern wiederkommen, wenn Sie etwas anderes anhaben."

Der Grund dafür, dass Megan nicht herein darf, ist folgender: Um in den 10. Stock zu kommen, muss sie die Farbkombination der Kleidung wählen, die die Person, die zehn Plätze im Uhrzeigersinn von ihr entfernt sitzt, in Wirklichkeit trägt. Zehn Plätze entfernt von Megan sitzt Arja, die einen weißen Rock und eine schwarze Bluse anhat (unten passt, oben aber nicht).
Drei Plätze links von Megan sitzt Lucien. Er fragt, ob er in den siebten Stock darf, und gibt an, ein schwarzes Jackett und eine weiße Hose zu tragen. Sieben Plätze von Lucien entfernt sitzt Arja in ihrer Oben-schwarz-unten-weiß-Kombination – er darf also ins Haus.
Wenn jemand ins Erdgeschoss möchte, ist dies quasi die Nullposition – man muss also die Farbkombination angeben, die man selbst tatsächlich trägt.
Das Ziel des Spiels ist es, herauszufinden, wann jemand ins Haus darf.

Variante

Noch schwieriger wird es, wenn man während des Spiels die Plätze tauscht.

Anmerkungen

- Wer glaubt, die Lösung gefunden zu haben, soll diese nicht verraten, sondern weiter mitspielen, um auch anderen eine Chance zu geben.
- Zählen Sie unauffällig die Lernenden, bevor Sie anfangen, und schauen Sie sich auch an, was diese tragen, sonst wird man Ihnen während des Spiels schnell auf die Schliche kommen.
- Wiederholen Sie vor dem Spiel die Ordinalzahlen: ... in den ersten / zweiten / dritten / ... / siebten / ... Stock.
- Ausdrücklich auf sprachliche Fehler zu fokussieren, ist während des Spielens nicht sinnvoll (s. Einleitung), aber hier bietet Ihre Rolle als Türsteherin / Türsteher – falls gewünscht – eine gute Gelegenheit für „dezente" Korrekturmaßnahmen.

Beispiel:

> LN: „Ich will fünfte Stock bitte."
> LK: „Hm, Sie wollen *in den fünften Stock*. ...
> Lassen Sie mal sehen, was Sie anhaben."
> LN: „Ich trage blauen Top und weiße Jeans."
> LK: „Ah, Sie tragen *ein blaues Top* und weiße Jeans, wirklich sehr schick. Sie können ins Haus, viel Spaß auf der Party."

Redemittel

- Ich möchte ins Erdgeschoss / in den ... Stock.
- Ich möchte zur Party im Erdgeschoss / ... Stock.
- Ich trage einen / ein / eine roten / rotes / rote ...
- Warum denn nicht?
- Das verstehe ich nicht.
- Ich glaube, ich hab's!

19 | Shoppingtour

Sprachniveau
A2

Lerninhalt / Themenfeld
Wortschatz üben und anwenden: Nomen, Adjektive, Chunks; Einkaufen, Geschäfte

Anzahl der Spielerinnen / Spieler
beliebig viele 4er-Gruppen

Spieldauer
15 – 30 Minuten (flexibel)

Benötigtes Material
- Würfel
- Spielfiguren

Vorbereitung
- Kopiervorlage 1 einmal für jede Gruppe kopieren
- Kopiervorlage 2 einmal für jede Gruppe kopieren und zerschneiden

Spielverlauf
Immer vier Lernende spielen in zwei Teams gegeneinander. Ziel ist es, möglichst viele Einkäufe von der Teamliste zu erledigen. Die Lernenden jeder Gruppe wählen je einen der Namen Schmidt, Müller, Meier oder Kuhn. Müller und Meier sind ein Team, Schmidt und Kuhn das andere. Jeder Spielerin / Jedem Spieler gehören zwei Geschäfte. Die Spielfiguren werden in die vier Eckfelder des Spielplans gesetzt. Alle Lernenden bekommen ein „geschlossen"-Kärtchen. Die Lernenden kommen nacheinander an die Reihe und versuchen, durch Würfeln und Vorwärts- oder Rückwärtsgehen ein Geschäft zu erreichen, um dort einen Artikel von ihrer Teamliste zu kaufen. Es ist egal, ob es sich dabei um ein Geschäft des gegnerischen Teams handelt oder um eins, das der Teampartnerin / dem Teampartner gehört. Einkaufen im eigenen Geschäft ist aber nicht möglich. Wer ein Geschäft erreicht, führt ein kurzes Einkaufsgespräch mit der Inhaberin / dem Inhaber. Danach wird der Einkauf auf der Liste „quittiert". Wer eine Fünf würfelt, darf (muss aber nicht) seine „geschlossen"-Karte auf eins seiner Geschäfte legen; so lange das Geschäft geschlossen ist, kann dort nicht eingekauft werden. Sobald eine weitere Fünf gewürfelt wird (egal von wem), muss die Karte wieder weggenommen werden. Gewonnen hat das Team, welches zuerst alle Einkäufe erledigt hat. Alternativ können Sie ein Zeitlimit festsetzen und das Spiel per Signal beenden. Dann gewinnt das Team mit den meisten erledigten Einkäufen.

Redemittel

- Guten Tag.
- Ich suche / möchte / brauche …
- Gut, den / das / die nehme ich.
- Kann ich mit Karte bezahlen?

- Kann ich Ihnen helfen?
- Hier haben wir …
- Das macht / kostet …
- Danke, auf Wiedersehen.

Kopiervorlage 1

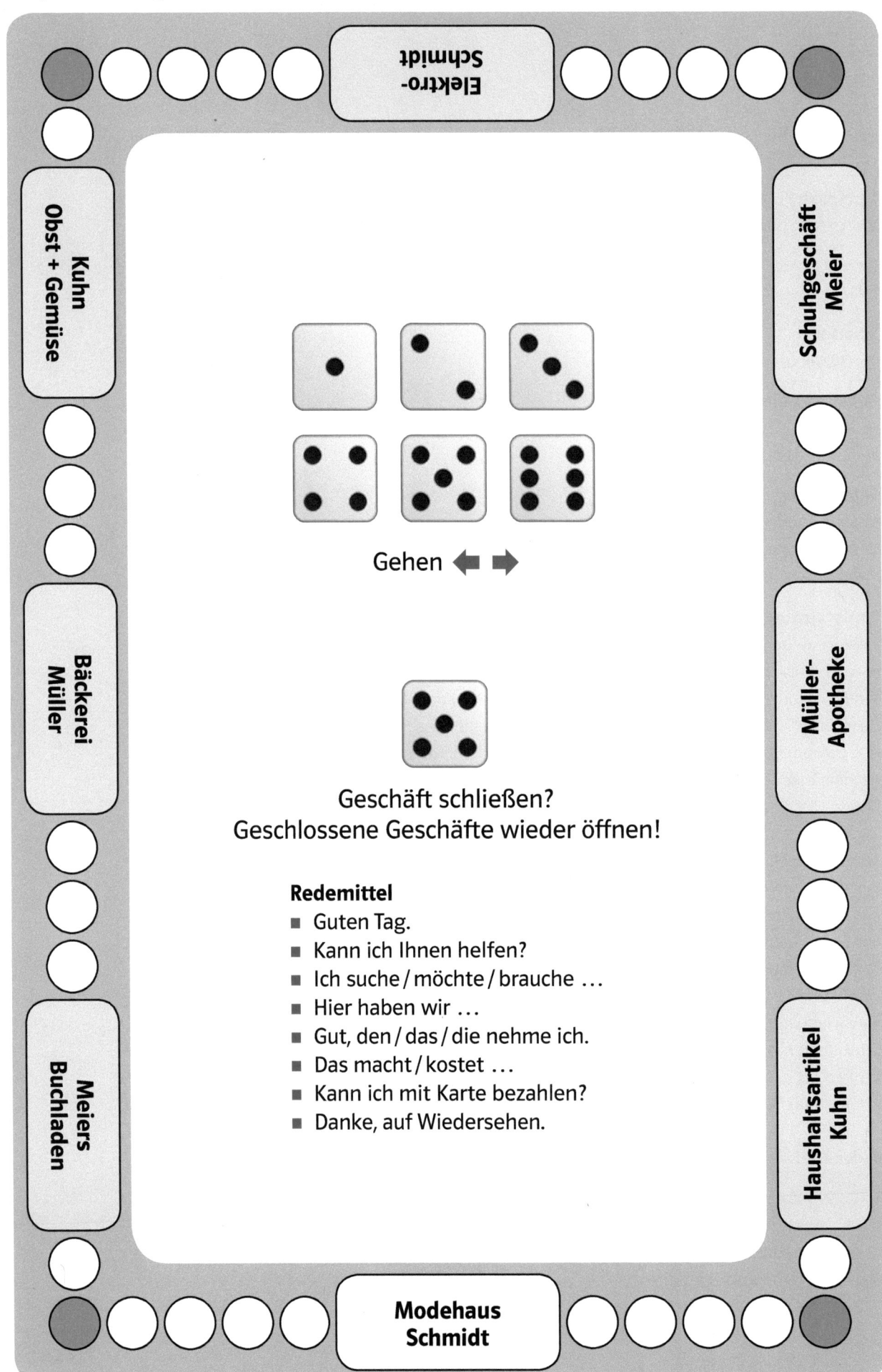

Elektro-
Schmidt

Kuhn
Obst + Gemüse

Schuhgeschäft
Meier

Bäckerei
Müller

Gehen ⬅ ➡

Geschäft schließen?
Geschlossene Geschäfte wieder öffnen!

Müller-
Apotheke

Redemittel
- Guten Tag.
- Kann ich Ihnen helfen?
- Ich suche / möchte / brauche …
- Hier haben wir …
- Gut, den / das / die nehme ich.
- Das macht / kostet …
- Kann ich mit Karte bezahlen?
- Danke, auf Wiedersehen.

Meiers
Buchladen

Haushaltsartikel
Kuhn

Modehaus
Schmidt

Klett

Kopiervorlage 2

Einkaufsliste für Frau / Herrn Müller und Frau / Herrn Meier	
– 1 Pfanne – 1 Topf – 1 Winterpullover – 1 rotes T-Shirt – 1 Kilo Bananen – 1 Kilo Tomaten – 1 Schreibtischlampe – 1 Fernsehgerät – Sportschuhe – Kopfschmerztabletten – 1 Reiseführer von Berlin – 6 Brötchen	Unterschrift der Verkäuferin / des Verkäufers:

- ✂ - - - - -

Einkaufsliste für Frau / Herrn Schmidt und Frau / Herrn Kuhn	
– 6 Teelöffel – 1 Sommerjacke – 3 Äpfel – 1 USB-Stick – Kinderschuhe – Winterstiefel – Grippemittel – Hustensaft – 1 Krimi – 1 Kinderbuch – 1 Weißbrot – 3 Stücke Apfelkuchen	Unterschrift der Verkäuferin / des Verkäufers:

| geschlossen | geschlossen | geschlossen | geschlossen |

20 | Chunks tauschen

Sprachniveau
A2

Lerninhalt / Themenfeld
Wortschatz üben, anwenden und wiederholen: Bewegungsverben und als Vollverben mit Richtungsfunktion verwendete Modalverben (z. B. *Ich muss in die Schule.*) sowie entsprechende bzw. ergänzende Kollokationen / Chunks; Richtung, Ziel, Ort

Anzahl der Spielerinnen / Spieler
alle / Großgruppe

Spieldauer
Schritt 1: ca. 2 – 3 Minuten; Schritt 2: ca. 10 – 15 Minuten

Vorbereitung
■ Kopiervorlage einmal kopieren und zerschneiden oder eigene Kärtchen schreiben

Spielverlauf
1. Jede / Jeder Lernende bekommt ein graues und ein weißes Kärtchen. Die Lernenden laufen umher und versuchen, möglichst oft mit einer anderen Person eine Karte zu tauschen. Voraussetzung ist, dass bei dem Tausch zwei sinnvolle Sätze entstehen. Weisen Sie die Lernenden darauf hin, dass sich viele grammatikalisch korrekte Kombinationen finden lassen, die aber nicht alle Sinn ergeben, z. B. „Cora schaut ins Ausland." Dies ist grammatikalisch möglich, enthält aber keine sinnvolle Aussage. Alle sinnvollen Kombinationen finden Sie im Lösungsteil ab S. 139.

2. Im Anschluss notieren alle aus dem Gedächtnis die Kette der Kombinationen, die sie im Verlauf von Schritt 1 bekommen haben, und zählen diese Sätze. Gewinnerin / Gewinner ist die Person mit den meisten Sätzen, die aber zuerst gemeinsam überprüft werden.

Beispiel:
> Wir fliegen nach Spanien. Sie möchte gern nach Spanien. Ich muss nach Spanien. Ich muss zu Onkel Gerd. Schick ihn doch zu Onkel Gerd. Schick ihn doch einkaufen. Schick ihn doch nach Hause.

Variante
Statt Schritt 2 in Einzelarbeit durchzuführen, sammelt die ganze Gruppe gemeinsam an der Tafel (ebenfalls aus dem Gedächtnis): Eine Person schreibt einen Satz, die nächste wischt einen Teil aus und ergänzt durch etwas Neues. Lassen Sie die Lernenden jeweils überlegen: Ist der Satz sinnvoll? Möglicherweise sinnvoll, aber ein bisschen komisch? Sinnlos?

Redemittel
■ Das kann man nicht sagen.
■ Doch, das kann man sagen. Ein Beispiel: …
■ Nein, das ist komisch.
■ Nein, das passt nicht.

Wir fliegen	nach Spanien.
Ich fahre	durch den Schwarzwald.
Er reist	ins Ausland.
Ich gehe mal kurz	einkaufen.
Wir wandern	ohne Gepäck.
Sven läuft	mit einer Gruppe.
Die Firma liefert auch	in die Ukraine.
Cora schaut	vor die Tür.
Schick ihn doch	nach Hause.
Komm doch mit	zu Karls Party.
Ihr wollt sicher	ans Meer.
Du kannst nicht	zurück.
Sie möchte gern	unter die Dusche.
Laila will unbedingt	auf die Bahamas.
Bitte bring die Sachen	zu Onkel Gerd.
Stell die Tasse	auf den Tisch.
Er setzt sich	ins Wohnzimmer.
Leg das bitte	weg.
Häng den Mantel	in den Schrank.
Ich muss	los.

21 | Expertendiktat

Sprachniveau
A2

Lerninhalt / Themenfeld
Wortschatz verankern und testen: Nomen, Verben, Adjektive, Kollokationen,
feste Wendungen; Feste und Feiertage

Anzahl der Spielerinnen / Spieler
Einzelarbeit, dann Austausch in zwei Gruppen

Spieldauer
ca. 15 – 20 Minuten

Vorbereitung
- Wörter bzw. Wendungen zu 2 Unterthemen aussuchen

Spielverlauf
Das Oberthema ist ‚Feste und Feiertage', die Unterthemen sind z. B. Weihnachten
und Karneval. Jede / Jeder Lernende entscheidet sich für eins der beiden Unterthemen als Spezialgebiet. Diktieren Sie in zufälliger Reihenfolge eine Auswahl von
thematisch passenden Wörtern, Satzteilen und Floskeln. Einige davon sollten zu
beiden Themen passen (z. B. *Süßigkeiten*); wenn Sie möchten, mischen Sie auch
welche unter, die nirgends passen (Beispiel: *Herzlichen Glückwunsch!* passt weder
zu Weihnachten noch zu Karneval.). Anregungen finden Sie auf den Vorschlagslisten auf S. 53. Die Lernenden schreiben nur auf, was für ihr Spezialgebiet relevant
ist – alles andere müssen sie weglassen. Anschließend kommen die Lernenden in
zwei Expertengruppen zusammen und vergleichen, was sie geschrieben haben.
Zweifelsfälle werden im Gespräch geklärt. Wer die meisten richtigen Wörter und
Satzteile notiert hat, ist Gruppensiegerin / Gruppensieger.

Variante
Es kann auch drei Unterthemen und Expertengruppen geben.

Anmerkungen
- Auch andere Themen sind für diesen Spieltyp geeignet:
  Speisen – Getränke, Damenkleidung – Herrenkleidung, Tiere – Pflanzen,
  Arbeit – Urlaub, positive und negative Kommentare usw.
- Während des Vergleichs in den Gruppen kann gemeinsam die Rechtschreibung
  kontrolliert werden.

Redemittel
- Ja / Nein, das passt (nicht).
- Das gehört (nicht) zu …

Weihnachten	Karneval	Ostern
Plätzchen backen	verrückt	Frühling
Baum	lustig	Hase
alte Lieder singen	Kostüme	Eier verstecken
das Christkind	Masken	Eier bunt anmalen / färben
Winter	über Politiker lachen	Frohe Ostern!
Dezember	laut und bunt	Spaziergang
zu Hause	Bonbons werfen	Schokoladeneier
Frohes Fest!	auf der Straße und im Lokal	Osterfeuer
Kerzen	Rosenmontag	
Geschenke auspacken	Alaaf! / Helau!	

Silvester / Neujahr	für mehrere passend	nicht passend
Ballkleid	in die Kirche gehen	Herzlichen Glückwunsch!
Sektgläser	Karten schreiben	Geburtstagskarte
Guten Rutsch!	Braten essen	Kerzen auf der Torte
Feuerwerk	festliches Konzert	Viel Erfolg!
Mitternacht	tanzen	Wir gratulieren!
Pläne fürs nächste Jahr	Spiele spielen	auf Alkohol verzichten
Jahreswechsel	Süßigkeiten	Tag der Arbeit
laut von zehn bis null zählen	Fest / Feier / Party	Männerausflug
Sauerkraut essen	Überraschung	der Mutter Blumen schenken
Frohes neues Jahr!	dekorierte Schaufenster	Brautkleid
	mit der Familie	Gute Reise!

22 | Worte in den Mund legen

Sprachniveau
A2

Lerninhalt / Themenfeld
- Wortschatz üben und anwenden: Nomen, Verben, Adjektive, feste Wendungen; Feste und Feiertage
- Grammatik: W-Fragen

Anzahl der Spielerinnen / Spieler
alle / Großgruppe (6 Teams)

Spieldauer
Schritt 1: ca. 5 Minuten; Schritt 2: ca. 20 Minuten

Benötigtes Material
- 30 leere Blätter Papier (einseitig bedruckte Blätter, z. B. Schmierpapier, sind gut geeignet, weil man nicht so leicht hindurchsehen kann)

Spielverlauf
1. Jedes Team bekommt fünf leere Blätter und eins von sechs Themen: Weihnachten, Ostern, Karneval, Silvester, Geburtstag und Hochzeit. Im Geheimen schreiben die Teams auf jedes Blatt ein zum Thema passendes Nomen, Verb, Adjektiv oder eine Wendung.
2. Die Lernenden sitzen im Kreis und legen ihre Blätter verdeckt vor sich ab. Es wird ausgelost, wer beginnen darf. Nacheinander darf jedes Team einer beliebigen Person aus den anderen Teams eine Frage zum eigenen Thema stellen. Ziel dabei ist es, die Person dazu zu bringen, ein Wort / eine Wendung von einem der Blätter zu benutzen. Gelingt das, wird das Blatt aufgedeckt (nur ein Blatt pro Runde). Verboten sind aber Fragen, die direkt auf das Wort abzielen, also z. B. „Wie nennt man …?" oder „Wie heißt …?". Gewonnen hat das Team, welches zuerst alle fünf Blätter aufgedeckt hat.

Beispiel:

> Team A hat das Wort *Ostereier* auf einem Blatt.
> LN 1 (aus Team A): „Sascha, was machen deutsche Kinder an Ostern, was denkst du?"
> LN 2 (Sascha) ahnt, dass es um Ostereier geht, und wählt deshalb ein anderes Wort:
> „Viele Leute verstecken Süßigkeiten für ihre Kinder, glaube ich, zum Beispiel draußen im Park."
> Team A hat jedoch auch das Wort *verstecken* aufgeschrieben.
> LN 3 (aus Team A): „Du hast *verstecken* gesagt! Danke sehr!"
> (dreht das entsprechende Blatt um)

Variante
Das Spiel ist auch für andere Themenkreise mit mehreren Unterthemen geeignet, z. B. unterschiedliche Berufsfelder, Medien, Verkehrsmittel, Sportarten, unterschiedliche Arten von Urlaub, Wohnen, Ausbildung.

Anmerkung

Falls sich die Lernenden schwer damit tun, genug Ideen zu finden, können
Sie jeder Gruppe eine Wortschatzliste zu ihrem Thema geben. Für die Themen
Weihnachten, Ostern, Karneval und Silvester sind z. B. die Listen zum Spiel
„Expertendiktat" (S. 53) geeignet. Anregungen für die Themen Geburtstag und
Hochzeit finden Sie hier:

Geburtstag	Hochzeit
Geschenk	heiraten
Party	Brautkleid
schenken	Standesamt
älter werden	Ringe tauschen
jedes Jahr	Blumen
Kerzen auf der Torte	verliebt
Herzlichen Glückwunsch!	zusammenbleiben
singen	Schwiegereltern
Geburtstagskind	eine Rede halten
feiern	Flitterwochen
gratulieren	auf das Brautpaar anstoßen

Redemittel

- Ihr seid dran. / Sie sind dran.
- Du hast / Sie haben „…" gesagt. Das ist eins von unseren Wörtern.

Anschlussaktivitäten

- Die Lernenden sammeln an der Tafel oder auf Flipchartbögen Synonyme
  (oder auch lose miteinander verwandte Begriffe), die während des Spiels
  verwendet wurden, z. B. *Ostereier, Schokoladeneier, Süßigkeiten; Fest, Party,
  Feier, Veranstaltung; feierlich, festlich, romantisch, gemütlich* usw. Der Wortschatz
  wird dabei in Cluster- oder Mindmap-Form gruppiert, sodass man Bedeutungs-
  ähnlichkeiten auf einen Blick erkennt. Regen Sie dazu an, die Ergebnisse zu
  fotografieren.
- Paare oder kleine Gruppen präsentieren kurze Spielszenen oder Minidialoge;
  die anderen Lernenden raten, welches Fest dargestellt wird.

23 | Nudelsuppe an der Stirn

Sprachniveau
A2

Lerninhalt / Themenfeld
Wortschatz üben und anwenden: Komposita; Speisen

Anzahl der Spielerinnen / Spieler
alle / Großgruppe oder Kleingruppen (je nach Größe der Lerngruppe)

Spieldauer
10 – 20 Minuten

Benötigtes Material
■ Klebeband

Vorbereitung
■ Kopiervorlage kopieren und zerschneiden

Spielverlauf
Dieses Spiel ist eine Variante des bekannten Spiels „Zettel-an-der-Stirn"
(„Wer bin ich?"). Führen Sie das Wort *Gericht* ein, falls es noch nicht bekannt ist,
und schreiben Sie evtl. ein paar mögliche Redemittel (s. u.) an die Tafel,
außerdem zur Erinnerung ein Beispiel für ein Kompositum, z. B. Butter + Brot =
Butterbrot. Jede / Jeder Lernende bekommt ein Kärtchen von der Kopiervorlage,
das sie / er der Person zur Linken an die Stirn klebt. Ziel ist es, als Erste / Erster
herauszufinden, welches Wort man selbst hat. Dazu sitzen die Lernenden im Kreis.
Die jüngste Person darf beginnen und einer beliebigen Person eine Frage stellen,
die mit Ja oder Nein beantwortet werden kann. Um das Spiel zu erläutern, können
Sie in der Gesamtgruppe beginnen, sich hinter die jüngste Person stellen und für
sie eine Frage stellen. Sobald mit Nein geantwortet wird, kommt die nächste
Person links an die Reihe.

Redemittel
■ Magst du / Mögen Sie mein Gericht?
■ Isst man mein Gericht zum Frühstück / Mittagessen / Dessert?
■ Schmeckt mein Gericht süß / salzig / sauer / scharf / bitter?
■ Ist Gemüse / Salz / Zucker / Milch drin?
■ Ist mein Gericht eine Suppe / eine Torte / ein Salat?
■ Habe ich ein ähnliches Gericht wie Lisa?

Variante
Natürlich sind nicht nur Komposita bzw. Nomen geeignet, sondern auch andere
Wortarten, z. B. Adjektive („Sind Leute so? Ist das eine gute Eigenschaft?") oder
Verben („Macht man das im Büro?"). Die Lernenden können die Zettel auch selbst
schreiben.

Käsebrot	Tomatensalat	Tomatensuppe
Kartoffelsuppe	Nudelsuppe	Schokoladentorte
Käsepizza	Wurstbrot	Fischbrötchen
Schokoladeneis	Obsttorte	Obstsalat
Apfelkuchen	Nudelsalat	Reissuppe
Gemüsesuppe	Kartoffelsalat	Milchreis
Käsekuchen	Marmeladenbrötchen	Fleischsalat

24 | Adjektiv-Hex

Sprachniveau
A2

Lerninhalt / Themenfeld
Wortschatz wiederholen: Adjektive; Thema beliebig

Anzahl der Spielerinnen / Spieler
beliebig viele 4er-Gruppen (falls nötig, können auch 5er-Gruppen gebildet werden)

Spieldauer
Schritt 1: 5 Minuten; Schritt 2: 10 – 15 Minuten

Benötigtes Material
- farbige Stifte

Vorbereitung
- Kopiervorlagen 1 und 2 kopieren (je einmal für jede 4er-Gruppe)
- Kopiervorlage 2 auseinanderschneiden

Spielverlauf
1. Teilen Sie jede Gruppe in ein A- und ein B-Team ein (Paare; evtl. auch 3er-Gruppen). Jedes Team bekommt eine Buchstabenliste und fünf Minuten Zeit, um diese auszufüllen.
2. A- und B-Teams einer Gruppe spielen gegeneinander. Jede Gruppe bekommt einen Spielplan und zwei Stifte in verschiedenen Farben. Ziel ist es, auf dem Spielplan einen durchgehenden Weg von links nach rechts (Team A) bzw. von oben nach unten (Team B) zu bilden.
   Team A beginnt und wählt ein Buchstabenfeld. Team B nennt das passende Adjektiv von seiner Liste. Team A muss fünf Dinge / Personen / Situationen nennen, die diese Eigenschaft haben können.
   Wenn Team A die Aufgabe lösen konnte, markiert es das Spielfeld in seiner Farbe. Wenn nicht, bleibt dieses frei und kann auch von Team B gewählt werden. Gewonnen hat, wer zuerst die andere Seite erreicht.

Varianten
- Mit dem Spiel können Sie alle möglichen Inhalte wiederholen, z.B. Kollokationen oder Redewendungen ergänzen, Gegenteile oder Synonyme nennen lassen usw. Bei dieser Variante werden die Aufgaben von Ihnen gestellt und man spielt im Plenum mit zwei Mannschaften. Bereiten Sie dafür 20 entsprechende Fragen bzw. Aufgaben vor und nummerieren Sie sie. Hängen Sie Kopiervorlage 3 stark vergrößert auf oder präsentieren Sie sie als Folie. Die Felder, zu denen die Aufgaben gelöst wurden, werden farbig markiert.
- Auf die gleiche Weise (mit Kopiervorlage 3) ist auch der Einsatz als Korrekturspiel möglich: Verwenden Sie dafür 20 Fehler aus Ihrer Fehlersammlung (s. Einleitung).

Kopiervorlage 1

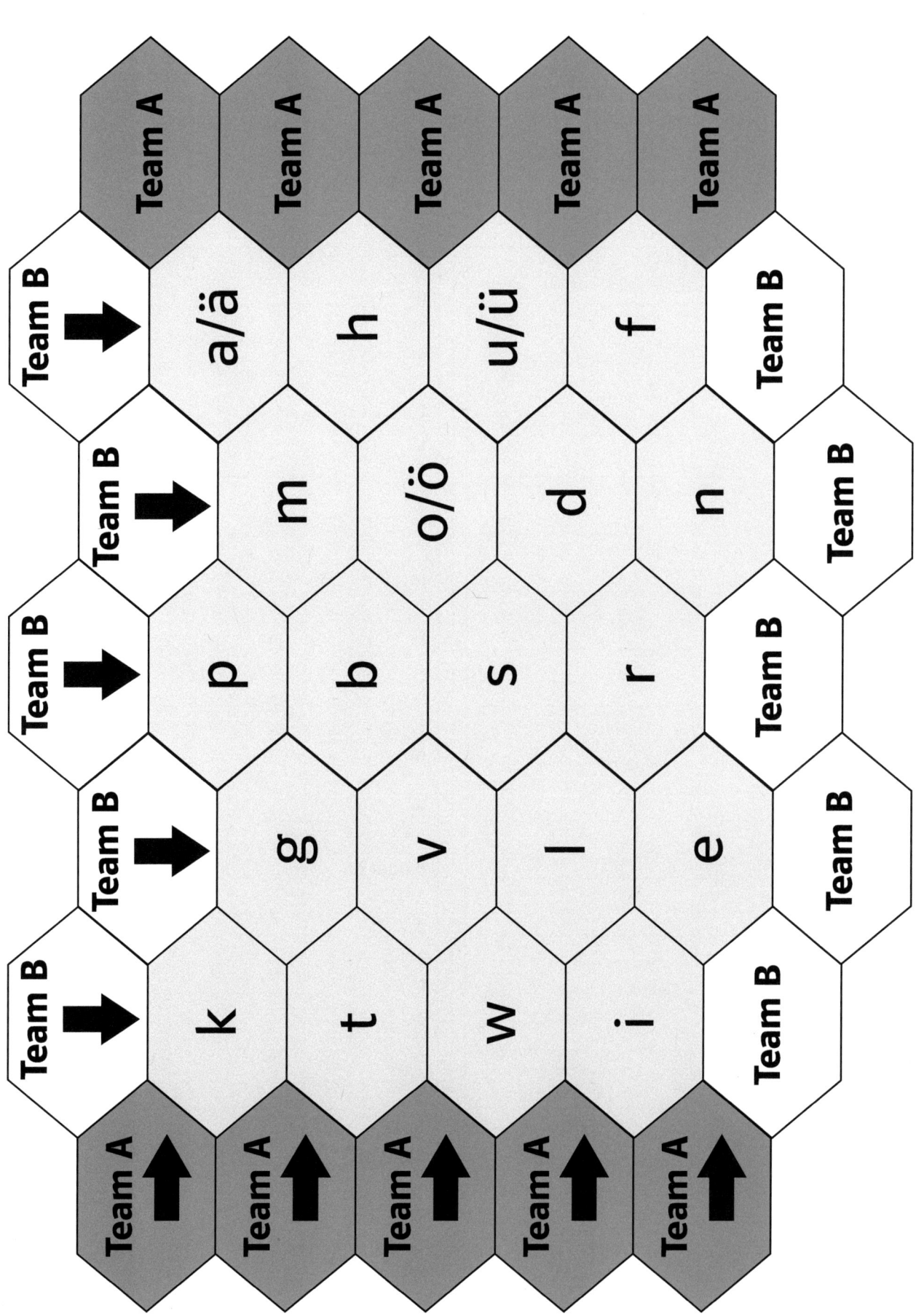

Kopiervorlage 2

Buchstabenliste Team A	**Buchstabenliste Team B**

Finden Sie für jeden Buchstaben ein Adjektiv.
(zum Beispiel a: alt)

Team A	Team B
a oder ä: _____	a oder ä: _____
b: _____	b: _____
d: _____	d: _____
e: _____	e: _____
f: _____	f: _____
g: _____	g: _____
h: _____	h: _____
i: _____	i: _____
k: _____	k: _____
l: _____	l: _____
m: _____	m: _____
n: _____	n: _____
o oder ö: _____	o oder ö: _____
p: _____	p: _____
r: _____	r: _____
s: _____	s: _____
t: _____	t: _____
u oder ü: _____	u oder ü: _____
v: _____	v: _____
w: _____	w: _____

Kopiervorlage 3

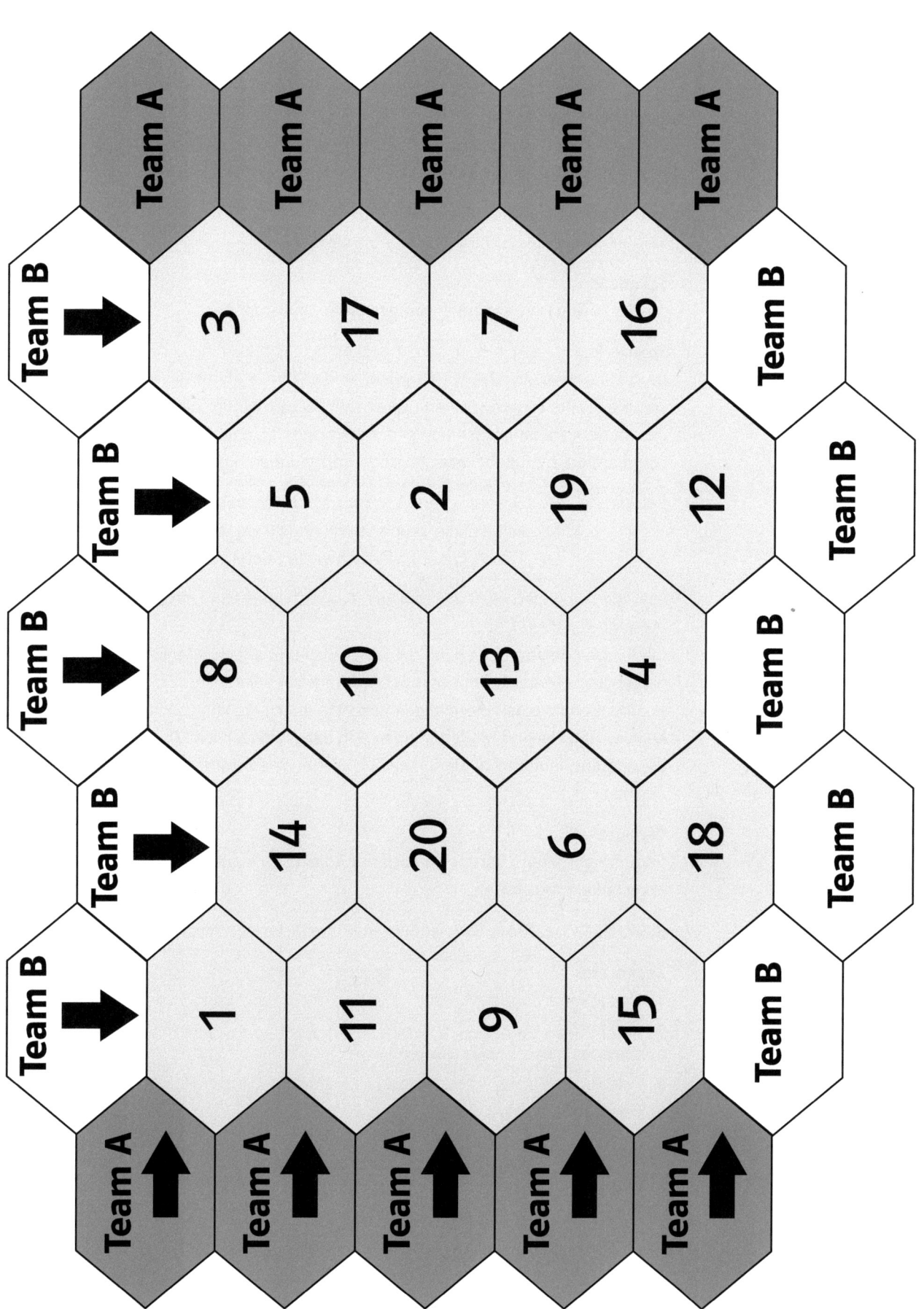

25 | Modenschau mit Fehlern

Sprachniveau
A2

Lerninhalt / Themenfeld
- Wortschatz üben und anwenden: Nomen, Adjektive; Kleidung
- Grammatik: Adjektiv-Deklination

Anzahl der Spielerinnen / Spieler
Vorbereitung in Kleingruppen, dann Großgruppe

Spieldauer
ca. 20 – 25 Minuten, abhängig von der Größe der Gruppe

Spielverlauf
Um zu erläutern, wie das Spiel verläuft, erklärt die Lehrkraft das Wort *Modenschau* und bittet eine Lernerin / einen Lerner, sich kurz als Model zur Verfügung zu stellen. Das Model geht langsam einen gedachten Laufsteg entlang. Die Lehrkraft kommentiert, baut dabei aber falsche Informationen ein.

Beispiel:

> LK: „Unsere schöne Larissa trägt einen weiten Rock, eine schicke weiße Bluse, grüne Stiefel und 20 cm lange Ohrringe."
> LN: „Falsch, Larissa trägt schwarze Stiefel, keine grünen."

Falls die Lernenden nicht von sich aus „Falsch!" rufen, kann die Lehrkraft fragen: „Stimmt das alles?"
In Kleingruppen bereiten dann die Lernenden ihre eigenen Modenschauen mit eingebauten Fehlern vor (möglichst nicht ausformulieren, nur Notizen). Anschließend werden diese im Plenum vorgeführt; die Kommentatorinnen / Kommentatoren und Models können sich dabei abwechseln. Das Publikum hat die Aufgabe, lautstark auf jeden nicht zutreffenden Kommentar aufmerksam zu machen.

Variante
Im Anfängerbereich kann man auch mit Adjektiven in attributiver Stellung (also ohne Endungen) spielen.

Beispiel:

> „Larissas Rock ist bunt und ihre Jacke ist schwarz."

Redemittel
- Hier kommt …
- Sie / Er trägt …
- Der / Das / Die … passt wunderbar zu …
- Falsch.
- Das stimmt nicht.

Anschlussaktivität
Gedächtnisspiel: Innerhalb von zwei Minuten notieren sich alle Gruppen, an welche Fehler bei den anderen Modenschauen sie sich erinnern. Wer erinnert sich an die meisten Fehler?

Beispiel:

> „Anil trägt einen dunklen Pullover, keinen hellen. Und ihr habt gesagt, Ghislaine trägt Sandalen, das ist auch falsch."

26 | Sequenzenspiel

Sprachniveau
A2

Lerninhalt / Themenfeld
Wortschatz üben und anwenden: temporale Angaben; Uhr- und Tageszeiten,
Monate, Zeitpunkte

Anzahl der Spielerinnen / Spieler
beliebig viele Paare

Spieldauer
ca. 20 Minuten

Vorbereitung
- Kopiervorlagen 1 und 2 evtl. vergrößern
- Kopiervorlage 1 für immer 2 Paare einmal kopieren und zerschneiden
- Kopiervorlage 2 für jedes Paar einmal kopieren

Spielverlauf
Am besten machen Sie das Spiel mit einer / einem Lernenden vor. Ziel ist es, unter
den vier Überschriften auf der eigenen Seite möglichst lange Sequenzen zu legen
und die Gegnerin / den Gegner beim Bau eigener Sequenzen zu behindern.
Die 48 Karten werden gemischt. Jede Spielerin / Jeder Spieler bekommt acht
Karten, die restlichen Karten liegen auf einem verdeckten Stapel. Es wird
ausgelost, wer anfangen darf. Wer an der Reihe ist, legt eine Karte ab – entweder
auf ein Feld unter der passenden Überschrift (auf der eigenen Seite, oben
beginnend) oder, wenn man das nicht möchte, offen auf das größere Feld zwischen
dem passenden Überschriftenpaar (offener Stapel). Beim Ablegen auf ein eigenes
Feld muss ein Beispielsatz gebildet werden. Danach zieht man eine neue Karte
vom verdeckten Stapel oder man nimmt stattdessen die oberste Karte von einem
offenen Stapel, wenn man annimmt, diese später gebrauchen zu können – aber
nur, wenn man sie nicht selbst im gleichen Zug abgelegt hat. Bei den Sequenzen
darf nur chronologisch angelegt werden. Beispiele:

- A hat bereits die Sequenz *März – April – Juli – August* gebaut, später aber
  noch die Karte Juni gezogen. Diese Karte kann A nicht mehr anlegen, nur
  noch Monate, die nach August kommen.
- Bei B liegt bis jetzt nur die Sequenz *Februar – Mai*. Für A wäre es deshalb
  unklug, die Juni-Karte auf den offenen Stapel zu legen, da B noch die
  Möglichkeit hätte, sie zu nehmen und anzulegen.

Das Spiel ist zu Ende, sobald die letzte Karte vom verdeckten Stapel genommen
wird. Anschließend werden die Punkte berechnet: Für jede Karte in einer Sequenz
gibt es einen Punkt, für Sequenzen mit mindestens acht Karten jeweils fünf
Extrapunkte.

Anmerkungen
- Machen Sie sich Notizen zu wichtigen Fehlern für eine spätere Korrektur.
- Wenn der Wortschatz noch sehr neu ist, können die Paare vor dem Spiel die
  Karten in vier Kategorien einteilen und chronologisch sortieren.

Kopiervorlage 1

Januar	kurz nach Mitternacht	sofort	montagmorgens
Februar	ein Uhr nachts	in fünf Minuten	montagnachmittags
März	vier Uhr morgens	in einer halben Stunde	dienstagmorgens
April	halb sechs am Morgen	in drei Stunden	dienstagabends
Mai	fünf nach elf am Vormittag	heute Abend	mittwochs
Juni	zwölf Uhr mittags	morgen früh	donnerstagnachmittags
Juli	drei Uhr nachmittags	morgen Mittag	donnerstagabends
August	sechzehn Uhr zehn	übermorgen	freitagmittags
September	Viertel vor acht am Abend	nächste Woche	freitagnachmittags
Oktober	neun Uhr abends	übernächste Woche	samstags
November	zweiundzwanzig Uhr	nächstes Jahr	sonntagmorgens
Dezember	vier Minuten vor Mitternacht	in zehn Jahren	sonntagabends

Kopiervorlage 1

Januar	kurz nach Mitternacht	sofort	montagmorgens
Februar	ein Uhr nachts	in fünf Minuten	montagnachmittags
März	vier Uhr morgens	in einer halben Stunde	dienstagmorgens
April	halb sechs am Morgen	in drei Stunden	dienstagabends
Mai	fünf nach elf am Vormittag	heute Abend	mittwochs
Juni	zwölf Uhr mittags	morgen früh	donnerstagnachmittags
Juli	drei Uhr nachmittags	morgen Mittag	donnerstagabends
August	sechzehn Uhr zehn	übermorgen	freitagmittags
September	Viertel vor acht am Abend	nächste Woche	freitagnachmittags
Oktober	neun Uhr abends	übernächste Woche	samstags
November	zweiundzwanzig Uhr	nächstes Jahr	sonntagmorgens
Dezember	vier Minuten vor Mitternacht	in zehn Jahren	sonntagabends

Kopiervorlage 2

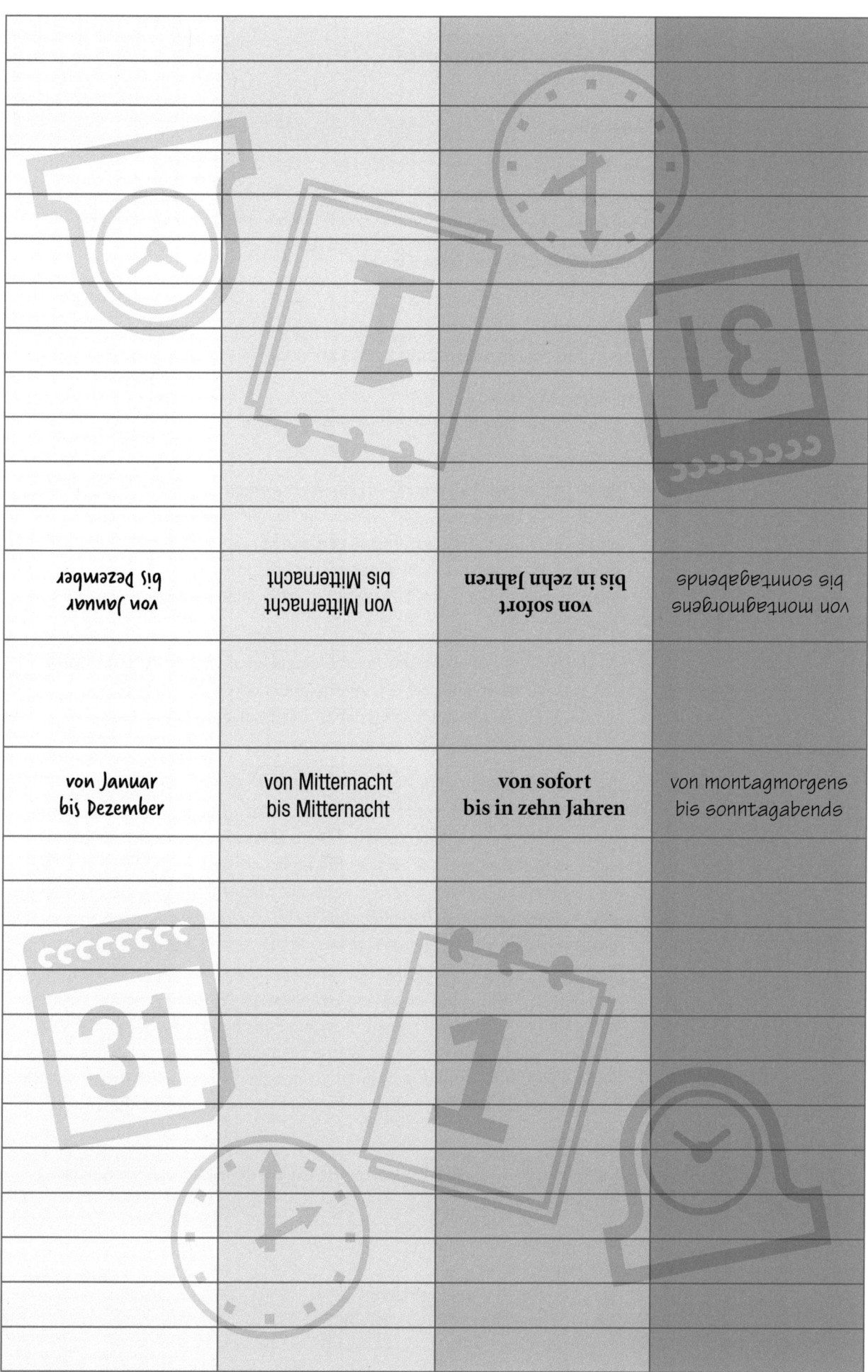

von Januar bis Dezember	von Mitternacht bis Mitternacht	von sofort bis in zehn Jahren	von montagmorgens bis sonntagabends
von Januar bis Dezember	von Mitternacht bis Mitternacht	von sofort bis in zehn Jahren	von montagmorgens bis sonntagabends

27 | Das Lakenspiel

Sprachniveau
A2

Lerninhalt / Themenfeld
Wortschatz üben, anwenden und verankern: Nomen; Schulfächer, Schule

Anzahl der Spielerinnen / Spieler
alle / Großgruppe

Spieldauer
Schritt 1: 15 – 20 Minuten; Schritt 2: ca. 5 Minuten

Benötigtes Material
■ großes, undurchsichtiges Tuch, z. B. ein Bettlaken

Spielverlauf
1. Falls nötig, sammeln Sie in einem kurzen Brainstorming Bezeichnungen für Schulfächer. Ergänzen Sie ggf. weitere Fächer, für die die Lernenden sich interessieren. Fordern Sie dann die Lernenden auf, durch den Raum zu gehen und sich mit möglichst allen anderen kurz über ihre Lieblingsfächer auszutauschen. Alle sollen 1 – 2 Lieblingsfächer nennen (mehr nicht) und kurz etwas darüber sagen.

   Beispiel: „Mit 14 oder 15 hatte ich Biologie am liebsten. Wir hatten einen tollen Biolehrer – er konnte gut erklären und hatte immer interessante Sachen dabei, die er uns gezeigt hat. Mit ihm waren wir auch auf Klassenfahrt."

2. Sie brauchen etwas freien Platz. Die Gruppe teilt sich in zwei gleich große Teams. Zwei Lernende (eine / einer aus jedem Team) halten das Laken so, dass die untere Kante den Boden berührt. Die Teams versammeln sich jeweils auf einer Seite und gehen in die Hocke, mit etwas Abstand zum Laken – niemand darf für das andere Team zu sehen sein. Jedes Team schickt – ohne zu sprechen – eine Person in die Mitte, direkt vor das Laken; zwei Lernende sitzen sich also unmittelbar gegenüber, mit dem Laken als Sichtschutz dazwischen. Erklären Sie, dass Sie bis drei zählen werden und dann das Laken hochgezogen wird. Wer von den beiden „Frontleuten" zuerst ein Lieblingsfach seines Gegenübers nennen kann, hat die Runde gewonnen. Die andere Person muss die Seite wechseln. Falls beide zu lange zögern oder falsche Fächer nennen, lässt man das Laken einfach wieder fallen und zwei andere Lernende nehmen die Plätze in der Mitte ein. Gespielt wird, bis alle auf einer Seite sind, oder solange es Spaß macht.

Varianten
■ Die Originalversion ist ein Kennenlernspiel, bei dem man den Namen des Gegenübers sagt.
■ Geeignet sind auch Lieblingsgerichte, Hobbys, Urlaubsländer, Traumberufe usw.

Redemittel
■ Was war dein / Ihr Lieblingsfach?
■ Mein Lieblingsfach war …, (weil / denn) …
■ … habe ich geliebt!
■ Am liebsten hatte ich …

28 | Verwandt oder nicht?

Sprachniveau
A2

Lerninhalt / Themenfeld
Wortschatz üben und anwenden: Nomen; Verwandtschaftsbeziehungen

Anzahl der Spielerinnen / Spieler
beliebig viele 4er-Gruppen

Spieldauer
20 – 25 Minuten

Benötigtes Material
- Knöpfe, Streichhölzer, Bonbons o. Ä. (mindestens 19 pro Gruppe)
- 1 Würfel pro Gruppe
- 4 Spielfiguren pro Gruppe

Vorbereitung
- Kopiervorlagen 1 – 3 evtl. vergrößern und für jede Gruppe einmal kopieren

Spielverlauf
Geben Sie den Gruppen die Stammbäume und 1 – 2 Minuten Zeit, sich ein wenig damit vertraut zu machen. Erklären Sie dann das Brettspiel (Kopiervorlage 3). Am besten machen Sie es mit drei Freiwilligen vor: Je zwei Personen spielen als Team zusammen; eine Person bewegt sich auf der äußeren Bahn, die andere auf der inneren. Ziel ist es, als erstes Team zehn Streichhölzer zu sammeln.
Alle setzen ihre Spielfigur auf das passende Startfeld. Das erste Team würfelt und entscheidet, welches Teammitglied zuerst zieht. Dieses rückt auf der Bahn im Uhrzeigersinn die entsprechende Anzahl von Feldern vor. Dann würfelt das Team noch einmal und das andere Teammitglied zieht. Wenn nach diesen zwei Zügen beide Teammitglieder auf Namensfeldern stehen, müssen sie entscheiden, ob die Personen verwandt sind (andernfalls passiert gar nichts und das nächste Team kommt an die Reihe). Falls die Personen nicht verwandt sind, sagt das Team: „… und … sind nicht verwandt.". Falls eine Verwandtschaftsbeziehung besteht, beschreibt das Team diese auf zwei Arten – jede / jeder „von ihrem / seinem Feld aus betrachtet" – und bekommt dafür ein Streichholz.

Beispiel (LN A1 steht auf dem Feld Benni):	„Benni ist der Cousin von Maja."
(LN A2 steht auf dem Feld Maja):	„Maja ist die Cousine von Benni."

Wer einen Fehler macht (also z. B. „Neffe" statt „Cousin" sagt oder eine Verwandtschaft behauptet, wo keine besteht), muss ein Streichholz zurück in den Vorrat legen.

Redemittel
- … und … sind nicht verwandt. / … ist nicht mit … verwandt.
- Das stimmt (nicht). // Das ist richtig / falsch.
- Das ist nicht richtig. – Doch!

Anschlussaktivität
Die Stammbäume können als Schreibanlass dienen: Die Lernenden suchen sich Personen aus und schreiben etwas über sie. Beispiele: Wie hat sich dieses Paar kennengelernt? Was machen die Kinder gern? Was macht diese Frau / dieser Mann beruflich?

Kopiervorlage 1 (Stammbaum 1)

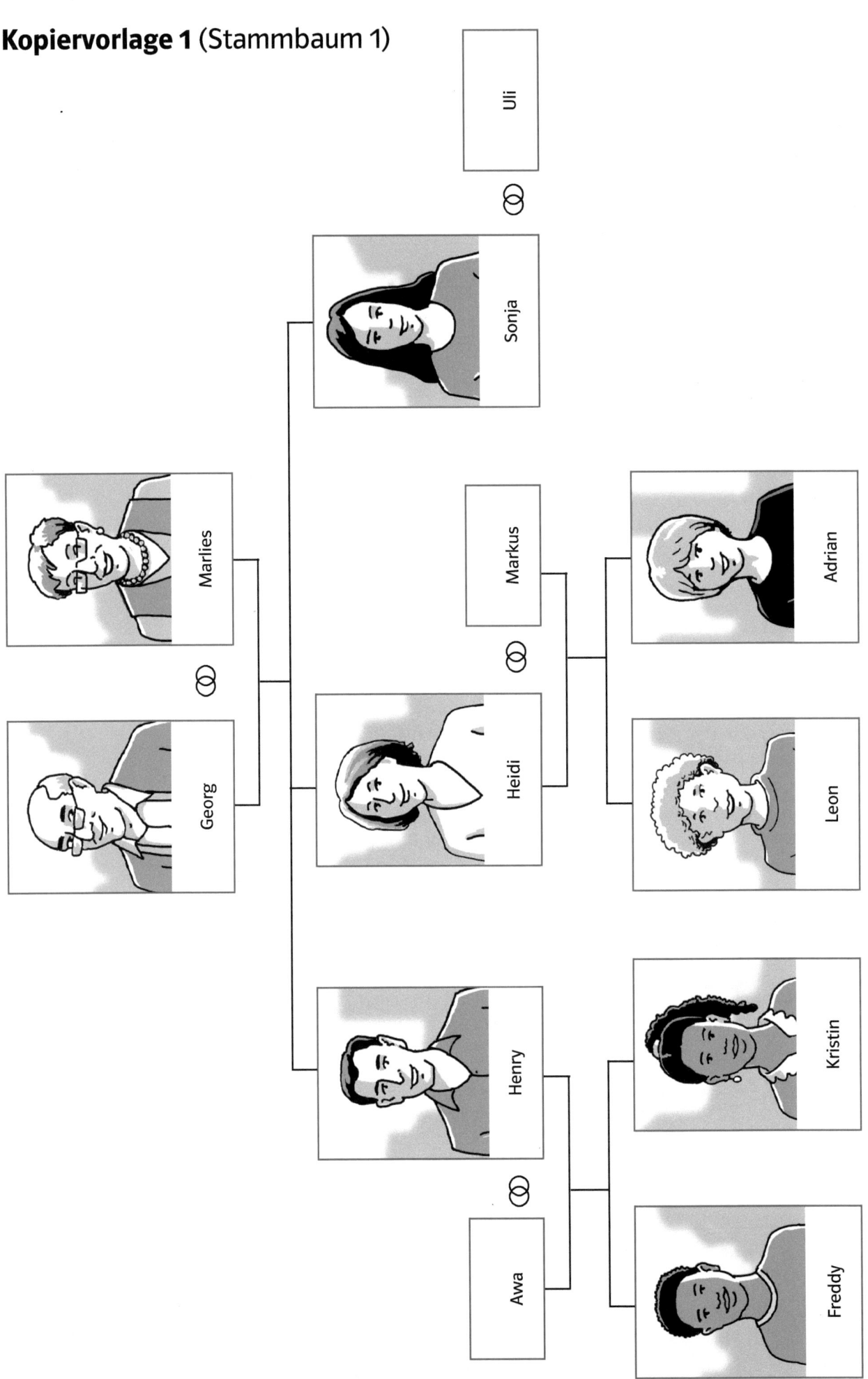

Kopiervorlage 2 (Stammbaum 2)

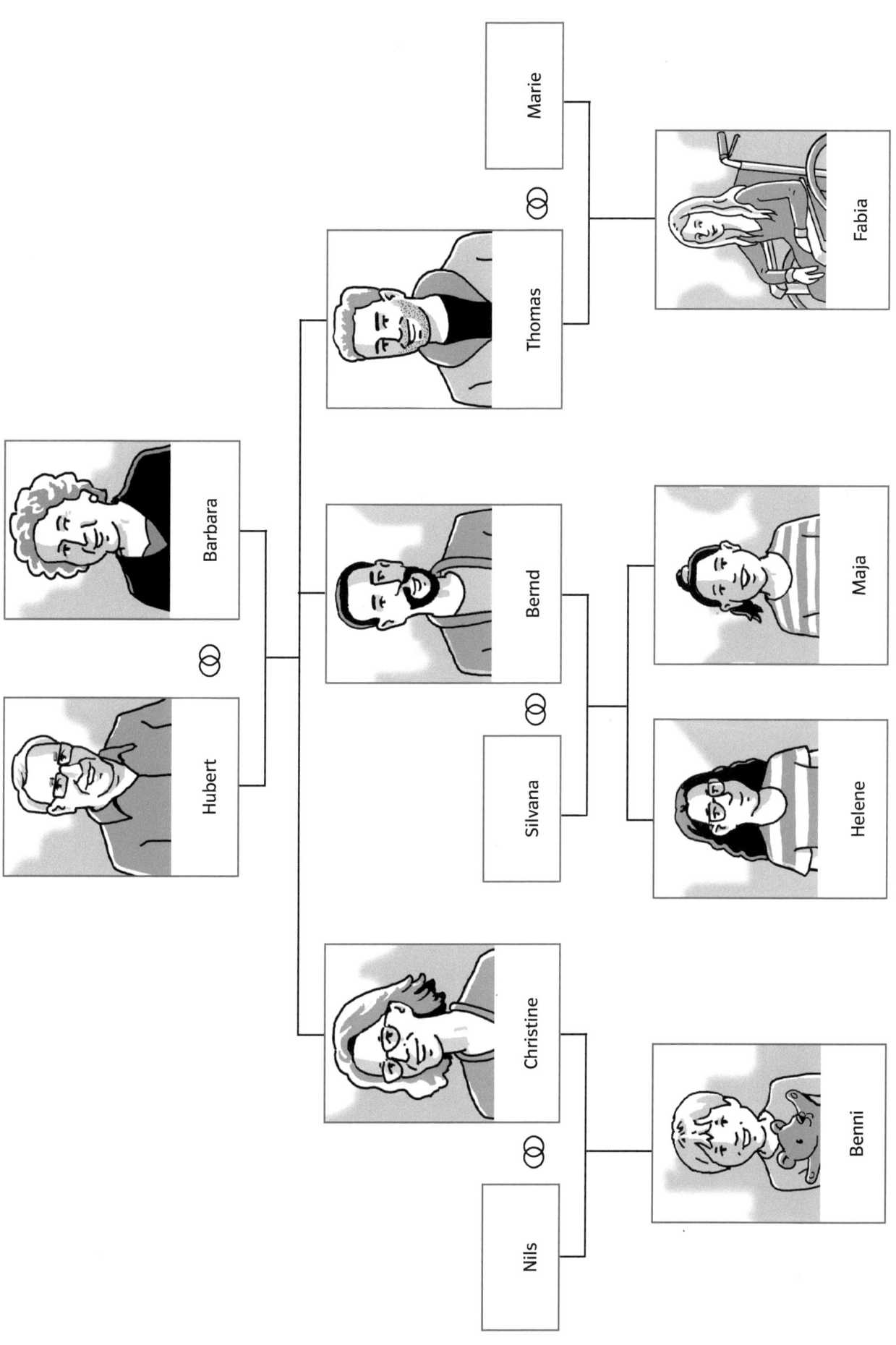

Kopiervorlage 3

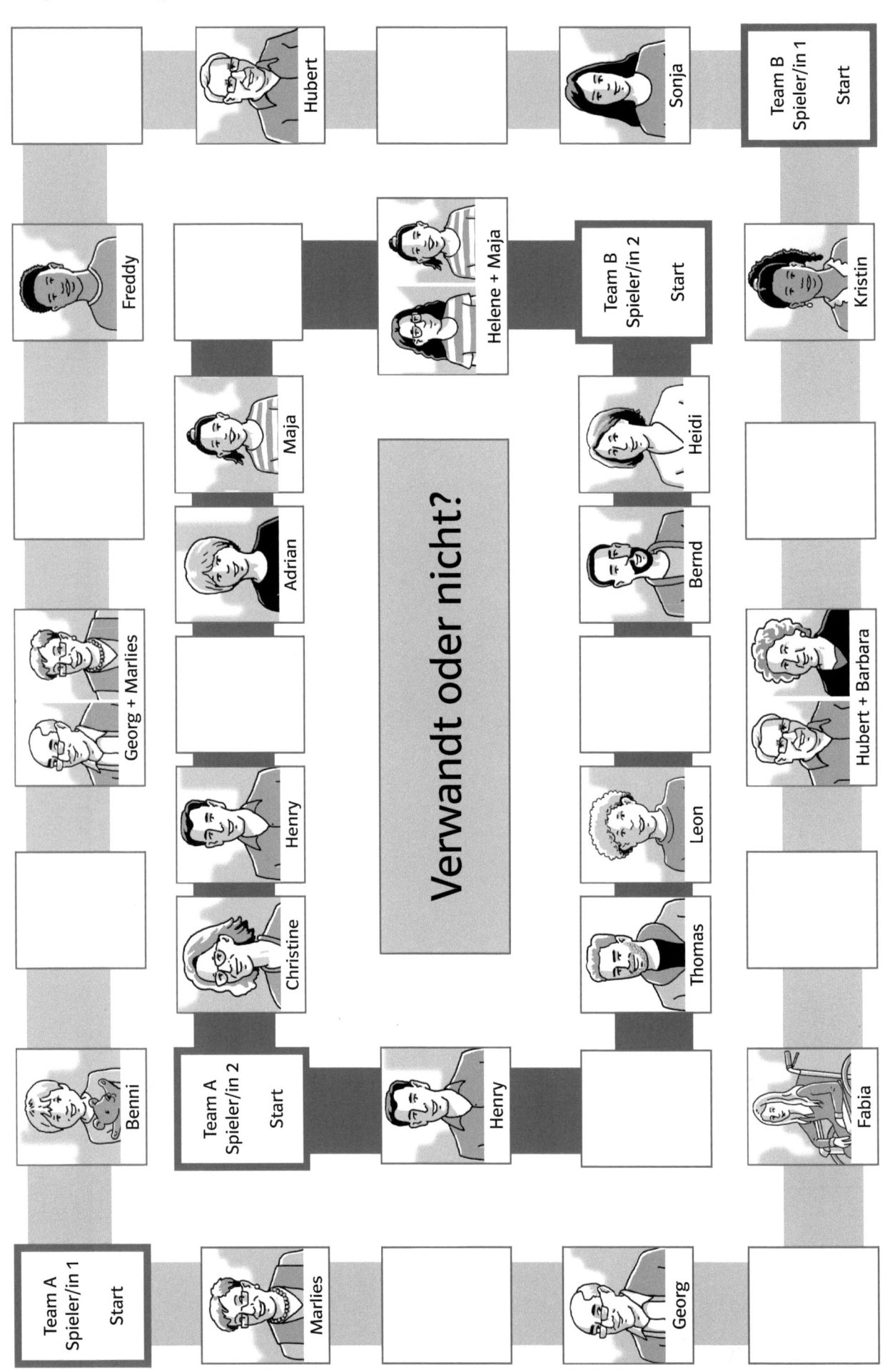

Verwandt oder nicht?

29 | Präfix-Quartett

Sprachniveau
A2

Lerninhalt / Themenfeld
Wortschatz wiederholen: trennbare und nicht trennbare Verben mit verschiedenen
Präfixen; gemischter Wortschatz (Prüfungswortschatz A2)

Anzahl der Spielerinnen / Spieler
beliebig viele Kleingruppen (4 – 5 Lernende)

Spieldauer
20 – 25 Minuten

Vorbereitung
- Quartettkarten (Kopiervorlagen 1 und 2) einmal für jede Gruppe kopieren und
  zerschneiden

Spielverlauf
Schreiben Sie an die Tafel: „anbieten – anmelden – ansehen – ansprechen = 1 Quartett"
und unterstreichen Sie jeweils die Vorsilbe *an-*. Auch wenn die Lernenden wissen,
wie man Quartett spielt, machen Sie am besten das Spiel mit drei Lernenden kurz
vor, denn die hier beschriebene Variante kennen die meisten wahrscheinlich nicht.
Jede Gruppe bekommt ein Päckchen Quartettkarten, das gemischt und verteilt wird.
Ziel ist es, möglichst viele Quartette – vier Verben mit jeweils gleicher Vorsilbe –
zusammenzubekommen. Sobald man ein komplettes Quartett auf der Hand hat,
darf man es ablegen. Es wird ausgelost, wer beginnt.
Das Finden der Verben geschieht, indem man sich an eine beliebige andere
Person wendet und dieser einen Beispielsatz mit dem gesuchten Verb vorschlägt.
Falls die angesprochene Person die gesuchte Karte hat, gibt sie sie heraus und
die Spielerin / der Spieler darf noch einmal fragen; wenn nicht, kommt die / der
Befragte selbst an die Reihe.

Beispiel:
> LN 1 (hat *anfangen* und *anrufen* bereits auf der Hand und hofft,
> dass *anmelden* sich ebenfalls im Spiel befindet): „Ich melde mich
> für den Deutschkurs an."
> LN 2: „Ah, du suchst *anmelden*? Das habe ich leider nicht."

Variante
Das Spiel ist auch geeignet für Verben mit Präpositionen (jeweils vier mit der gleichen
Präposition) oder Wortarten / Ableitungen (z. B. *sicher, Sicherheit, versichern, sicherlich*).

Anmerkung
Achten Sie darauf, dass nicht nur die Infinitive genannt, sondern tatsächlich Sätze
gebildet werden. Falls Ihnen wichtige Fehler auffallen, notieren Sie sie für spätere
Korrekturaktivitäten (s. Einleitung).

Redemittel
- Du suchst / brauchst / möchtest … // Sie suchen / brauchen / möchten …
- Das habe ich nicht.
- Das habe ich, hier bitte.
- Jetzt bin ich dran / an der Reihe.

Kopiervorlage 1

abholen	abschließen	abfahren	abfliegen
anfangen	anrufen	ankommen	anmachen
ausfüllen	ausmachen	auspacken	aussteigen
aufhören	aufpassen	aufräumen	aufstehen
einkaufen	einladen	einsteigen	einpacken

Kopiervorlage 2

mitkommen	mitbringen	mitspielen	mitmachen
bezahlen	bestellen	bekommen	benutzen
erklären	erlauben	erreichen	erzählen
unter-nehmen	unter-halten	unter-schreiben	unter-suchen
verbieten	vergessen	verlieren	verkaufen

Klett

30 | Wort-Trio

Sprachniveau
A2

Lerninhalt / Themenfeld
Wortschatz wiederholen: Nomen, Verben, Adjektive; beliebiger Wortschatz
(nach Oberbegriffen)

Anzahl der Spielerinnen / Spieler
Kleingruppen mit je 2 Teams

Spieldauer
15 – 20 Minuten

Spielverlauf

1. Überlegen Sie sich drei Wörter, die Sie wiederholen möchten und die eine inhaltliche Gemeinsamkeit haben. Stellen Sie alle drei Wörter an der Tafel durch Striche dar, ein Strich pro Buchstabe. Fragen Sie die Lernenden: Was verbindet diese Wörter? Was haben sie gemeinsam? Setzen Sie dann den ersten Buchstaben ein, der im Alphabet von hinten vorkommt.

   Beispiel:

   ```
   _ Ü _ _ _ _ _ _ _ _ _
   _ _ _ _ _ _ _ _ _ _
   _ _ _ _ _ _ _ _ _ _ _
   ```

   Setzen Sie nach einer kurzen Denkpause den nächsten Buchstaben ein:

   ```
   _ Ü _ _ _ _ _ _ _ _
   _ _ _ _ T _ _ _ _ _
   _ _ _ _ _ _ _ _ _ _ _
   ```

   Setzen Sie dies fort, bis jemand eine Idee hat. Die Wörter dürfen aber nicht genannt werden!

   ```
   _ Ü _ L S _ _ R _ N _
   _ L _ _ T R O _ _ R _
   _ _ _ _ _ _ M _ S _ _ _ N _
   ```

   In diesem Beispiel vermutet eine Lernerin / ein Lerner richtig, dass die ersten beiden Wörter *Kühlschrank* und *Elektroherd* sind, und sagt: „Das sind alles Küchenmöbel", was aber nicht korrekt ist. Setzen Sie das Spiel fort, bis jemand auf die Lösung kommt (hier: Elektrogeräte – *Kühlschrank, Elektroherd, Kaffeemaschine*).

2. Jetzt wird in Kleingruppen weitergespielt. Jedes Team bereitet einen Zettel mit Blankostrichen vor und setzt den ersten vorkommenden Buchstaben ein (wieder im Alphabet von hinten). Die Zettel werden gleichzeitig getauscht, dann betrachtet und (wieder gleichzeitig) zurückgetauscht, damit der nächste Buchstabe eingesetzt werden kann. Wer zuerst auf die gesuchte Lösung kommt, gewinnt die Runde. Für die nächste Runde werden neue Wort-Trios erstellt.

Anmerkungen

- Die drei Wörter müssen keine Nomen sein, es ist aber hilfreich, wenn es sich jeweils um die gleiche Wortart handelt.
- Sie können den Wortschatz steuern, indem Sie den Teams Vorschlagslisten geben.

Redemittel

- Das sind (alles) …
- Leider nicht. / Falsch.
- Stimmt!

31 | Wortschatz und Sachensack

Sprachniveau
Ende A2

Lerninhalt / Themenfeld
Wortschatz verankern: beliebiger neuer Wortschatz

Anzahl der Spielerinnen / Spieler
alle / Großgruppe

Spieldauer
ca. 10 Minuten

Benötigtes Material
- Sachensack: Beutel mit möglichst unterschiedlichen, beliebigen kleinen Gegenständen (mindestens 30) oder Bilder, s. Variante

Vorbereitung
- neuen Wortschatz auf Kärtchen schreiben (einzelne Wörter oder Wendungen); kann auch von den Lernenden geschrieben werden

Spielverlauf
Leeren Sie den Sachensack in der Mitte des Raums aus und verteilen Sie die Karten mit dem neuen Wortschatz zwischen den Gegenständen. Nehmen Sie eine Wortkarte und einen Gegenstand auf und erklären Sie, welche Verbindung Sie zwischen beiden herstellen.

Beispiel:
> „Für mich passt *sich bewerben* zu dem Schlüssel. Eine Bewerbung ist für mich der Schlüssel zu einem guten oder interessanten Job."

Alle Lernenden gehen umher, nehmen Wörter und Gegenstände auf und erklären sich gegenseitig ihre Assoziationen. Danach werden die Wörter und Dinge jedes Mal wieder an ihren Platz gelegt.

Variante
Statt der Gegenstände kann man auch Bilder verwenden. Blätter von Abreißkalendern sind gut geeignet (z. B. Film- oder Naturkalender) oder auch abstrakte Bilder.

Anmerkung
Es gibt keine falschen und richtigen Assoziationen! Es geht nur darum, dass die / der Lernende eine Verbindung für sich herstellen kann. Ihren Sachensack können Sie deshalb auch ohne allzu viel Nachdenken füllen.

Redemittel
- Für mich ist / bedeutet / heißt ...
- Das sieht aus wie ...
- Das hier erinnert mich an, und deshalb ...
- Ich weiß nicht, was das ist, aber es ist ... und ..., und deshalb ...

32 | Reisen Sie nach Kikilonien!

Sprachniveau
B1

Lerninhalt / Themenfeld
Wortschatz üben und anwenden: beliebige Wortarten; Reisen, Urlaub, Touristik

Anzahl der Spielerinnen / Spieler
gerade Anzahl von Paaren (falls es nicht aufgeht, können 1 – 3 Dreiergruppen dabei sein)

Spieldauer
Schritt 1: 3 – 5 Minuten; Schritt 2: ca. 10 Minuten; Schritt 3: je nach Größe der Lerngruppe 10 – 20 Minuten

Vorbereitung
- Kopiervorlagen nach Anzahl der Paare kopieren (Die Hälfte der Paare bekommt Kopiervorlage 1, die andere Hälfte Kopiervorlage 2.)

Spielverlauf
1. Machen Sie eine kurze, brainstormartige Wortschatzwiederholung (Zuruf, kein Anschrieb, nicht länger als zwei Minuten) zum Thema Urlaub und Reisen: Wetter / Klima, Landschaft, Kultur und Sehenswürdigkeiten, Hotel / Zimmer und andere Unterkünfte, Verpflegung, Verkehrsmittel, evtl. Unterhaltungsmöglichkeiten, Sport und Wellness. Schreiben Sie dann an die Tafel „Urlaub in Kikilonien" und bitten Sie die Lernenden um eine kurze Beschreibung dieses Fantasielandes. (Diese Beschreibung dient als Vorentlastung für die folgende Partnerarbeit.)
2. Geben Sie jedem Paar die Kopie einer Kopiervorlage (falls Dreiergruppen dabei sind, gehören diese zu den Urlauberinnen / Urlaubern – bekommen also Kopiervorlage 2). Die Paare bekommen 10 Minuten Zeit, um sich zu besprechen und Notizen zu machen. Gehen Sie gegen Ende dieser Zeit zu den Paaren, die Kopiervorlage 1 bekommen haben, und sagen Sie ihnen, dass sie ihr Reisebüro kenntlich machen sollen, z.B. mit einem Schild „Reisebüro" oder 2 – 3 leeren Stühlen.
3. Fordern Sie die Urlauberpaare auf, nacheinander alle Reisebüros zu besuchen, sich dort zu informieren und sich am Schluss für eine Reise zu entscheiden. Die Reisekaufleute sollen natürlich ihr Möglichstes tun, um die Kundinnen und Kunden zu überzeugen. Fragen Sie am Schluss, wer sich für welche Reise entschieden hat. Welche wurde am häufigsten gebucht?

Redemittel
- Wir interessieren uns für …
- Wir würden / möchten gern …
- Wann / Wie lange möchten Sie reisen?
- Wir haben diese Woche ein tolles / günstiges / besonderes / … Angebot.
- … hat viele Sehenswürdigkeiten / ein … Klima / eine … Küche / …
- … ist bekannt / berühmt für …
- Das klingt gut / interessant / spannend / toll / …
- Ich hätte Lust auf die Reise nach … Was meinst du?
- Ja, einverstanden. / Ich auch. / Ich würde (eigentlich) lieber …

Kopiervorlage 1

Sie haben gemeinsam mit Ihrer Partnerin / Ihrem Partner ein Reisebüro und sind auf dieses Land spezialisiert:

....

(Erfinden Sie einen Fantasienamen.)

Wie ist es in dem Land? Notieren Sie Stichwörter:

Klima / Wetter ....

Landschaft / Natur ....

....

Sehenswürdigkeiten / Kultur ....

....

Küche / Spezialitäten ....

....

Was für eine Reise bieten Sie an? Rundreise, Wandertour, Ausflüge, Urlaub nur an einem Ort?

....

....

....

Wie ist die Unterkunft? Hotel, Zelt, Ferienwohnung?

....

Was können die Urlauberinnen / Urlauber sonst noch machen (Sport, Nachtleben, Gesundheit etc.)?

....

....

Was kostet die Reise?

....

Was gehört zum Angebot?

....

Was muss man extra bezahlen?

....

Kopiervorlage 2

Sie wollen gemeinsam Urlaub machen und ein neues Land kennenlernen.

Besprechen Sie Ihre Wünsche und notieren Sie Stichwörter:

Wie soll Ihr Urlaub sein? Aktiv? Entspannt?

....

....

....

Wofür interessieren Sie sich? Kultur? Natur? Sport? Spaß und Unterhaltung? . . .?

....

....

....

Haben Sie beim Essen besondere Wünsche?

....

....

....

Wie soll die Unterkunft sein? Hotel, Ferienwohnung, Zelt? Egal?

....

....

....

Wann und wie lange wollen Sie reisen?

....

Wie viel darf die Reise kosten?

....

Gibt es sonst noch etwas, was Sie im Reisebüro fragen möchten?

....

....

....

....

Klett

© Ernst Klett Sprachen GmbH, Stuttgart 2019 | www.klett-sprachen.de | Alle Rechte vorbehalten
Von dieser Druckvorlage ist die Vervielfältigung für den eigenen Unterricht gestattet.
ISBN 978-3-12-674151-4

33 | Dalli, dalli!

Sprachniveau
B1

Lerninhalt / Themenfeld
Wortschatz wiederholen: Nomen; Materialien (z. B. Glas, Holz, Metall, …)

Anzahl der Spielerinnen / Spieler
alle / Großgruppe

Spieldauer
5 – 10 Minuten

Benötigtes Material
- Stoppuhr
- akustisches Signal (Klingel, Hupe o. Ä.)

Spielverlauf
Es werden zwei Teams gebildet. Team A schickt drei Teammitglieder nach vorn. Außerdem wählt jedes Team eine Kontrolleurin / einen Kontrolleur. Die Lehrkraft fragt: „Welche Dinge sind aus diesem Material? Antwortet / Antworten Sie bitte abwechselnd und so schnell wie möglich. Achtung … Das Material ist – Glas. Los!" Die drei Lernenden nennen innerhalb von 30 Sekunden abwechselnd so viele Gegenstände aus dem genannten Material wie möglich (Lehrkraft stoppt die Zeit). Die Kontrolleurinnen / Kontrolleure (sicherheitshalber aus beiden Teams) zählen die Gegenstände, aber nur die, die nicht doppelt genannt wurden. Für jeden passenden Gegenstand gibt es einen Punkt. Für die nächste Runde nennt die Lehrkraft ein anderes Material (z. B. Papier, Metall, Holz, Plastik, Stoff, Wolle, Stein, Leder) und Team B ist an der Reihe. Das Spiel endet entweder, wenn alle Lernenden gespielt haben oder wenn die vorher festgelegte Zeit vorbei ist.

Variante
In kleineren Kursen werden jeweils nur zwei Lernende nach vorn geschickt.

Anmerkungen
- Ideen für Materialien und einige Beispiele finden Sie in der unten stehenden Liste (s. auch S. 80).

Glas	Papier	Metall	Holz	Plastik
Vase	Buch	Gabel	Stuhl	Tüte
Glas	Zeitung	Dose	Tisch	Getränke-kasten
Fenster	Zeitschrift	Automotor	Hütte	Kreditkarte
Flasche	Briefum-schlag	Pfanne	Regal	Führerschein
Brille	Prospekt	Ohrring	Bleistift	Zahnbürste

Stoff	Wolle	Stein	Leder
Mantel	Pullover	Treppe	Handtasche
Tischdecke	Mütze	Burg	Stiefel
Rock	Schal	Denkmal	Schuh
Hemd	Wolldecke	Turm	Koffer
Bluse	Socke	Mauer	Brieftasche

■ Dieses Spiel ist auch für anderen Wortschatz und andere Niveaus geeignet:
  - Adjektive, die einen genannten Gegenstand beschreiben
  - Lebensmittel, die mit einem bestimmten Buchstaben anfangen oder eine bestimmte Farbe haben
  - Dinge, die sich in einer bestimmten Umgebung finden
  - Dinge, die man in einem bestimmten Geschäft kaufen kann usw.

Anschlussaktivität
Falls während des Spiels Wörter genannt wurden, die nicht alle kennen, können die entsprechenden Lernenden sie im Anschluss an das Spiel erklären.

34 | Interaktives Kreuzworträtsel

Sprachniveau
B1

Lerninhalt / Themenfeld
Wortschatz verankern, wiederholen und testen: Nomen, Verben, Adjektive;
Krankheit, Arztbesuch

Anzahl der Spielerinnen / Spieler
alle / Großgruppe

Spieldauer
ca. 10 – 15 Minuten, abhängig von der Größe der Gruppe

Vorbereitung
■ Kopiervorlage (S. 82) kopieren (halb so viele Kopien wie Lernende) und an der
   Linie auseinanderschneiden

Spielverlauf
Die halbierten Blätter werden verteilt. Die Lernenden gehen im Raum umher und
versuchen, durch Befragen ihr Rätsel zu vervollständigen.

Beispiel:

> LN 1: „Hast du Nummer 10?"
> LN 2: „Ja … Du bist krank, z. B. erkältet …"
> LN 1: „Hm … Grippe?"
> LN 2: „Nein … Das ist, wenn dein Kopf heiß ist. Du hast also …"
> LN 1: „Fieber?"
> LN 2: „Ja, richtig!"

Nach jedem Austausch soll die Partnerin / der Partner gewechselt werden.
Es darf nur auf das eigene Blatt geschaut werden!

Anmerkungen
■ Mit diesem Spiel können Sie ab Niveau A1.2 beliebigen Wortschatz wiederholen.
   Im Internet finden Sie kostenlose Tools zum Erstellen von Kreuzworträtseln.
■ Falls das Spiel in obiger Form zu lange dauert, kann man die Lernenden bitten,
   sich zu setzen und das Plenum zu fragen.

Beispiel:

> „Mir fehlt noch Nummer 4, wer kann mir das Wort erklären?"

Redemittel
■ Hast du Nummer …?
■ Kannst du mir sagen, …?
■ Nein, tut mir leid, das habe ich auch nicht.
■ Das ist, wenn …
■ Das ist ein / eine …, der / das / die / den …
■ Super, danke.

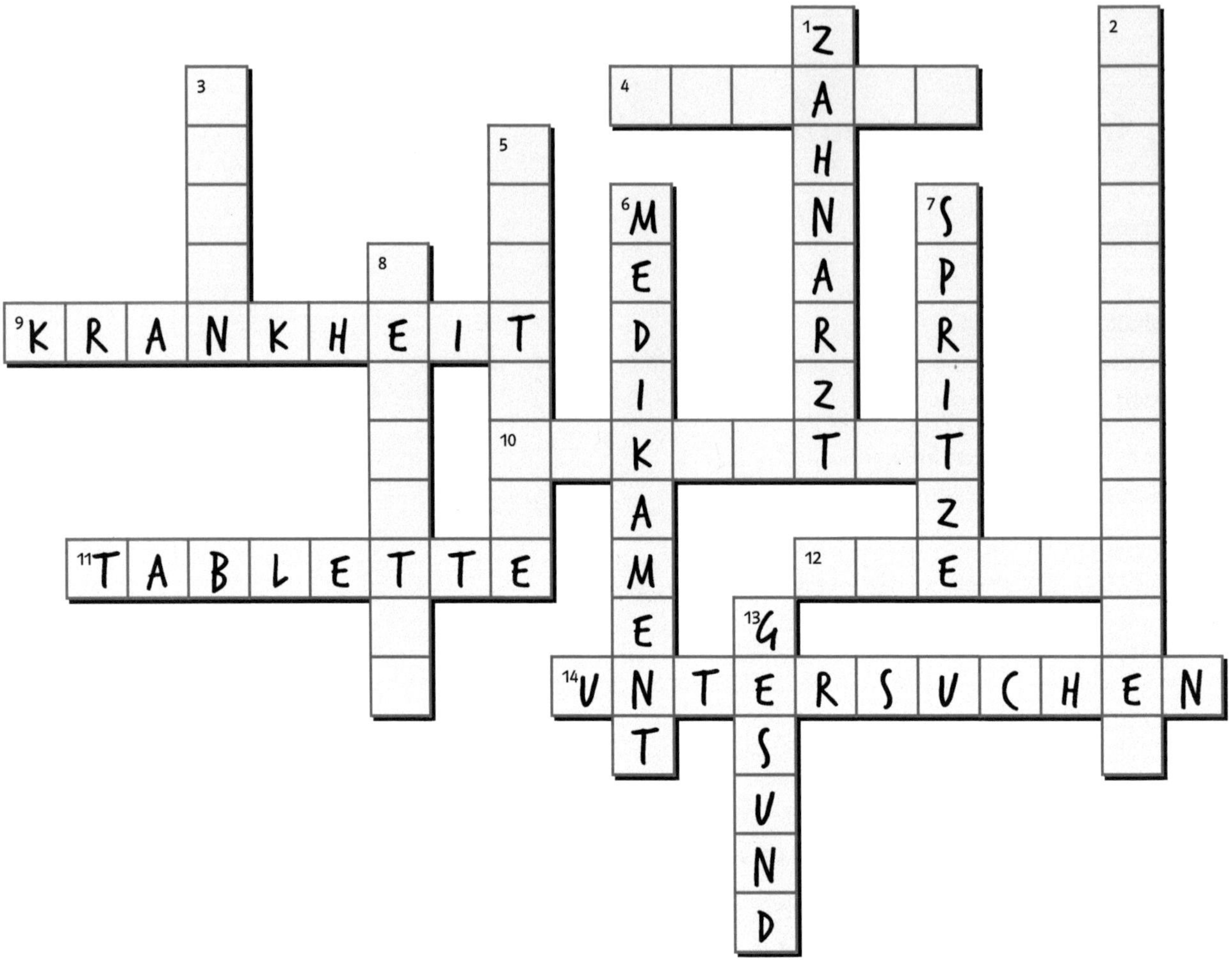
1 ZAHNARZT
2
3
4
5
6 MEDIKAMENT
7 SPRITZE
8
9 KRANKHEIT
10
11 TABLETTE
12
13 GESUND
14 UNTERSUCHEN

1
2 KOPFSCHMERZEN
3 ATMEN
4 UNFALL
5 APOTHEKE
6
7
8 VERLETZT
9
10 ERKÄLTET
11
12 FIEBER
13
14

ISBN 978-3-12-674151-4

35 | Figuren und Eigenschaften

Sprachniveau
B1

Lerninhalt / Themenfeld
- Wortschatz anwenden, verankern und wiederholen: Adjektive; persönliche Eigenschaften und Merkmale
- Grammatik: Adjektiv-Deklination

Anzahl der Spielerinnen / Spieler
beliebig viele Kleingruppen; dann gesamte Lerngruppe

Spieldauer
ca. 25 – 30 Minuten, abhängig von der Anzahl der Kleingruppen

Spielverlauf
1. 3er- oder 4er-Gruppen schreiben je eine Liste mit 20 Adjektiven, die zur Personenbeschreibung geeignet sind. Geben Sie ein paar Beispiele: Erlaubt sind äußere Merkmale (klein, dünn, blond), Charaktereigenschaften und Stimmungen (nervös, ängstlich, lustig) und die Wirkung auf andere (beliebt, unsympathisch, gefährlich). Sammeln Sie die fertigen Listen ein.
2. Jede Gruppe erstellt eine Liste mit fünf Filmen, die alle Gruppenmitglieder gut kennen.
3. Verteilen Sie die Listen mit den Eigenschaften so, dass jede Gruppe eine neue Liste bekommt. Die Gruppen wählen mindestens zehn von den 20 Adjektiven aus und versuchen, Figuren aus ihren fünf Filmen zu finden, zu denen diese Adjektive passen könnten.
4. Die Gruppe einigt sich auf einen von ihren Filmen und auf drei oder vier Hauptfiguren daraus. Ist jede Figur schon mit mindestens zwei Eigenschaften beschrieben worden? Falls nicht, ergänzt die Gruppe noch eigene Ideen.
5. Filme raten in der Gesamtgruppe: Eine Kleingruppe beschreibt die Figuren aus ihrem Film, die anderen Lernenden versuchen, den Film zu erraten. Zusätzliche Hilfen (Genre, Schauspieler usw.) können, falls notwendig, gegeben werden.

Beispiel:

> „In unserem Film gibt es eine Hauptfigur, die klein, aber mutig ist. Dann ist da ein sehr alter und intelligenter Mann. Und es gibt einen Mann, der arm und ziemlich schmutzig aussieht, aber in Wirklichkeit ist er ein stolzer und königlicher Mensch. Manche Leute glauben aber, dass er gefährlich ist. Die wunderschöne, kluge Frau, die er liebt, ist viel älter als er, denn sie ist nicht menschlich. (Es ist ein Fantasyfilm. Immer noch keine Idee? Die nicht menschliche Frau wird von Liv Tyler gespielt.)"

Variante
Statt um Filme kann es auch um Märchen gehen. Auch Figuren aus Romanen oder Fernsehserien sind geeignet.

Anmerkung
Wenn einer Gruppe für Schritt 4 Ideen fehlen sollten, können Sie als Hilfestellung die Adjektivliste austeilen (Kopiervorlage, S. 84).

Redemittel
- Ich denke / finde, … passt zu …
- Was meint ihr? / Was meinen Sie?
- Einverstanden?

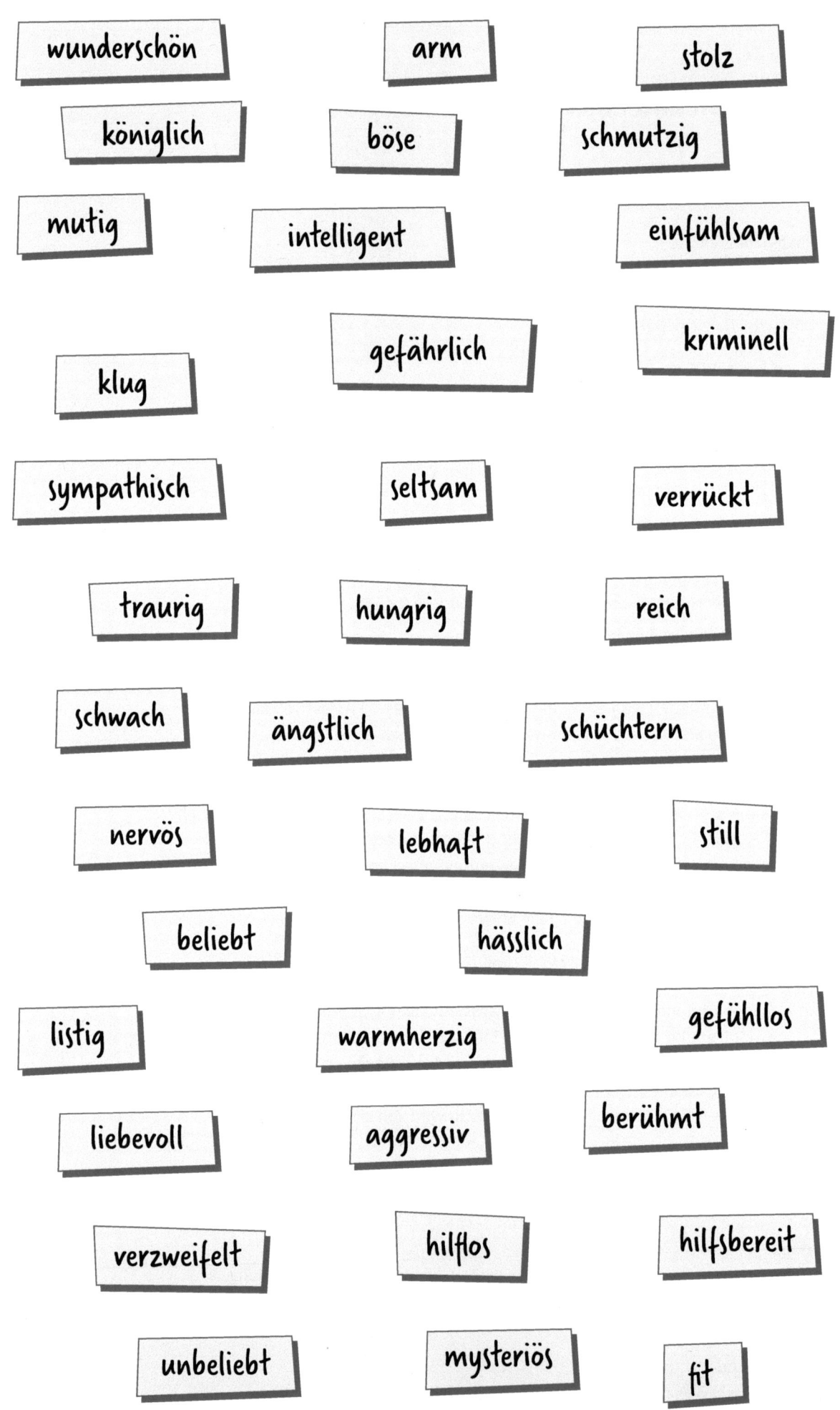

wunderschön

arm

stolz

königlich

böse

schmutzig

mutig

intelligent

einfühlsam

klug

gefährlich

kriminell

sympathisch

seltsam

verrückt

traurig

hungrig

reich

schwach

ängstlich

schüchtern

nervös

lebhaft

still

beliebt

hässlich

listig

warmherzig

gefühllos

liebevoll

aggressiv

berühmt

verzweifelt

hilflos

hilfsbereit

unbeliebt

mysteriös

fit

Klett

36 | Wahr oder gelogen?

Sprachniveau
B1

Lerninhalt / Themenfeld
Wortschatz verankern und wiederholen: beliebiger Wortschatz

Anzahl der Spielerinnen / Spieler
alle / Großgruppe

Spieldauer
je nach Gruppengröße, max. 30 Minuten

Vorbereitung
- Wörtersammlungen auf Flipchartbögen (s. Einleitung) aufhängen oder wichtigen Wortschatz, der wiederholt werden soll, an die Tafel schreiben (ca. 20 – 30 Wörter, Wortarten beliebig)

Spielverlauf
Die Lernenden schreiben je zwei Zettel mit den Wörtern *wahr* und *falsch*. Dann erzählen die Lernenden ein kurzes Erlebnis, an das sie sich angeblich durch eins der Wörter aus der Wortschatzsammlung erinnert fühlen (s. Beispiel). Im Anschluss dürfen die anderen Fragen stellen, um herauszubekommen, ob die Geschichte wahr oder erfunden ist. Dann legen alle den Zettel mit ihrem Tipp verdeckt ab. Die Zettel werden gleichzeitig aufgedeckt. Wer richtig getippt hat, schreibt sich einen Punkt auf. Dann kommt die / der nächste Erzählerin / Erzähler an die Reihe.

Beispiel:
> „Das Wort ‚Dose' erinnert mich an etwas Verrücktes, das mir passiert ist, als ich klein war. Ich ging mit meiner Mutter eine Straße entlang. Und plötzlich fiel mir eine Dose auf den Kopf. Wirklich! Es war eine große Dose Hühnersuppe. Sie fiel aus dem 4. Stock eines Hauses, an dem wir gerade vorbeigingen. Jemand hatte die Dose draußen vors Fenster gestellt. Ich habe keine Ahnung, warum. Auf jeden Fall war ich verletzt, meine Mutter musste mich ins Krankenhaus bringen."

Anmerkungen
- Falls Sie annehmen, dass das spontane Erzählen für Ihre Lerngruppe zu schwierig ist, geben Sie den Lernenden Zeit zur Vorbereitung.
- Bei dem Spiel werden auf den ersten Blick nicht viele Wörter wiederholt. Aber während die Lernenden die Liste betrachten, durchforsten sie ihr Gedächtnis nach geeigneten Erlebnissen. Dadurch werden starke Verbindungen aufgebaut.
- Wenn Sie eine sehr große Gruppe haben, kann auch in Kleingruppen erzählt und geraten werden.

Redemittel
- Das erinnert mich an …
- Ich weiß, es klingt komisch / verrückt / unwahrscheinlich, aber …
- Wo / Wann genau ist das denn passiert?
- Bitte beschreib / beschreiben Sie doch noch mal genauer, was / wo / warum …

37 | Weiß und weich

Sprachniveau
B1

Lerninhalt / Themenfeld
Wortschatz wiederholen: Adjektive; themenübergreifend

Anzahl der Spielerinnen / Spieler
beliebig viele 4er-Gruppen

Spieldauer
10 – 15 Minuten

Benötigtes Material
■ Briefumschläge oder Klarsichthüllen (eine/n für jede 4er-Gruppe)

Vorbereitung
■ Kopiervorlagen (S. 88, 89) kopieren, zerschneiden und die Kärtchen portions-
weise in Briefumschläge oder Klarsichthüllen stecken: ein Umschlag pro 4er-
Gruppe mit jeweils 30 Kärtchen; bei mehr als 4 Gruppen Kopiervorlagen
zweimal kopieren

Spielverlauf
Jede 4er-Gruppe spielt in zwei Paaren gegeneinander. Die Gruppe bekommt einen
Umschlag und breitet die Karten offen auf dem Tisch aus. Das erste Paar nimmt
zwei beliebige Karten weg und nennt dazu etwas, das diese beiden Eigenschaften
hat oder haben kann. Dabei darf man auch kreativ sein, muss aber auf Nachfrage
begründen bzw. erläutern. Dann kommt das andere Paar an die Reihe.

Beispiel:

> LN 1 (aus Paar A, nimmt *weich* und *weiß*): „Meine Bettdecke ist weich
> und weiß."
> LN 3 (aus Paar B): „Okay." (Nimmt *süß* und *unangenehm*.) „Erdbeereis
> ist süß, für mich aber unangenehm."
> LN 2 (aus Paar A): „Was, wie kann das denn sein?"
> LN 3: „Mir tun die Zähne weh, wenn ich kalte oder süße Sachen esse."

Das Paar, das zuerst keine von den übrigen Adjektiven mehr kombinieren kann,
hat verloren.

Varianten
■ Schwieriger wird das Spiel, wenn jeweils drei Adjektive genommen werden
müssen.

Beispiel:

> „Ich hatte mal einen Ferienjob in einem Büro, das hell und
> modern, aber total ungemütlich war."

- Man kann die Karten auch verdeckt auslegen. 3–4 Lernende spielen einzeln gegeneinander. Wer an der Reihe ist, deckt zwei Karten auf und darf diese behalten, wenn wie oben etwas genannt werden kann, das diese beiden Eigenschaften hat; wenn nicht, werden die Karten wieder umgedreht.
- Variante mit Nomen: Schreiben Sie Karten mit Nomen. Es müssen dann Komposita gebildet werden.
- Variante für A1/A2: Der Wortschatz auf den Karten entspricht dem Goethe-Zertifat B1. Sie können das Spiel ohne Weiteres auch auf niedrigerem Niveau durchführen; wählen Sie in dem Fall einfach bereits bekannte Adjektive aus – Charaktereigenschaften, Stimmungen und andere personenbezogene Eigenschaften werden weggelassen.
- Variante ab B1.2 mit Präfixen (Wortschatzerweiterung): Auf die Hälfte der Karten kommen Verben, auf die andere Hälfte Präfixe wie *be-, ver-, ent-, er-, an-, ein-, auf-, unter-, über-, durch-, um-, bei-, vor-, hinter-, nach-, zu-, nieder-, aus-, ab-, mit-, weg-*. Welche Kombinationen gibt es tatsächlich und was bedeuten sie?
- Variante für B2 mit Suffixen (Wortschatzerweiterung): Auf die Hälfte der Karten kommen Nomen, auf die andere Hälfte Suffixe wie *-ig, -lig, -lich, -haft, -voll, -bar, -sam, -weise, -mäßig, -ant, -iert, -los, -iv, -ös*. Können Adjektive gebildet werden? (Veränderungen am Grundwort wie Kürzung, Umlautung oder Pluralbildung sind erlaubt.) Wenn das gegnerische Team Zweifel hat, darf es das Nach-schlagen im Wörterbuch verlangen. Die Lernenden können sich notieren, was sie besonders interessant oder nützlich finden.

Anmerkungen

- Durch die Zusammenhänge, die hergestellt werden müssen, wird der Wortschatz gut verankert.
- Statt Paaren können auch einzelne Spielerinnen oder Spieler gegeneinander spielen.

Redemittel

- Ein/e … ist … und / aber …
- Ein/e … ist sowohl … als auch …
- Ein/e … ist nicht nur …, sondern auch …
- Ein/e … kann auch … sein, zum Beispiel weil / wenn …

Anschlussaktivität

Es kann über interessante oder witzige Kombinationen berichtet werden, die während des Spiels entstanden sind.

angenehm	anstrengend	beliebt
bequem	berühmt	bewölkt
billig	bitter	blau
braun	breit	bunt
dick	dunkel	dünn
eckig	elegant	eng
ernst	fett	feucht
flach	fleißig	flexibel
frisch	gefährlich	gelb
gemütlich	gesund	giftig
glatt	grau	grün
günstig	gut	haltbar
hart	hässlich	häufig
heiß	hell	hoch
hübsch	illegal	kalt
klein	kompliziert	kostenlos
kühl	künstlich	kurz
lang	langsam	langweilig
laut	lecker	leicht
leise	lila	lustig

mager	modern	nass
neblig	niedrig	nötig/notwendig
nützlich	orange	peinlich
populär	praktisch	reif
riesig	rosa	rot
ruhig	rund	salzig
sauber	sauer	scharf
schief	schlank	schlecht
schlimm	schmal	schmutzig
schnell	schön	schwach
schwarz	schwer	schwierig
selten	sicher	sonnig
spannend	spitz	stark
steil	strafbar	süß
teuer	tief	traurig
trocken	unangenehm	ungemütlich
ungesund	unheimlich	unsichtbar
vegetarisch	verboten	warm
weich	weiß	weit
wertvoll	wild	windig

38 | Alle reden übers Wetter

Sprachniveau
B1

Lerninhalt / Themenfeld
Wortschatz anwenden und wiederholen: Wetter (Smalltalk)

Anzahl der Spielerinnen / Spieler
alle / Großgruppe

Spieldauer
5 – 10 Minuten

Benötigtes Material
- Musik oder akustisches Signal (Glöckchen, Hupe o. Ä.)

Spielverlauf
Die Lernenden sollen sich vorstellen, dass sie in der Stadt unterwegs sind und dort Bekannte treffen, mit denen sie jeweils kurz plaudern. Gesprächsanlass ist dabei immer das Wetter. Solange ggf. die Musik läuft, gehen die Lernenden in schnellem Tempo kreuz und quer durch den Raum. Stoppen Sie nach einer Weile die Musik oder geben Sie ein akustisches Signal und sagen Sie ein Wetter-Thema an (s. Vorschläge). Alle Lernenden bleiben vor einer anderen Person stehen und führen ein kurzes Gespräch. Wenn die Musik wieder startet (langsam lauter machen), verabschieden sich die beiden und gehen weiter.

Beispiel:

> LK: „Es sind 32 Grad im Schatten."
> LN 1: „Ja, hallo Frau Molinari, Sie habe ich ja lange nicht mehr gesehen!"
> LN 2: „Herr Brinkmann! Guten Tag! Wie geht's denn so?"
> LN 1: „Ganz gut, aber ist das nicht eine furchtbare Hitze? Und so schwül. Das vertrage ich gar nicht gut. Ich hoffe, es wird bald wieder etwas kühler."
> LN 2: „Ach, mir macht das nicht so viel aus, ich habe ja lange in den Tropen gelebt."
> LN 1: „Ach ja, stimmt. Ich muss leider weiter, Frau Molinari, bis bald mal wieder."
> LN 2: „Auf Wiedersehen!"

Vorschläge für Wetter-Themen:
- Es ist extrem kalt und stellenweise glatt.
- Es hat seit drei Wochen nicht geregnet.
- Es soll das ganze Wochenende über regnen.
- Gestern war außergewöhnlich dichter Nebel.
- Es schneit heftig. Nächste Woche ist Weihnachten.
- Es fängt an zu hageln.
- Die Sonne scheint und die Temperatur ist angenehm.
- Es regnet und es ist sehr windig.
- Die Wettervorhersage hat Sturm angekündigt.

Variante

Statt nur übers Wetter zu plaudern kann man die Übung auch nutzen, um
verschiedene Smalltalk-Themen zu wiederholen. In diesem Fall genügt es, für jede
Runde ein neues Oberthema anzusagen (z.B. Arbeit, Urlaub, Familie, Fernsehen,
Wetter etc.).

Beispiel:

> Runde 1, LK: „Arbeit"
>
> LN 1: „Ach, guten Tag, Herr Bornemann! Wie geht's denn so?"
>
> LN 2: „Alles bestens und bei Ihnen? Wie läuft's im neuen Job?"
>
> LN 1: „Sehr gut. Ich bin dort viel glücklicher als in der alten Firma, und ich ..."
>
> Runde 2, LK: „Urlaub"
>
> LN 3: „Hallo Ricarda! Was machst du denn hier? Ich dachte, du bist in Portugal?"
>
> LN 1: „Das hat leider nicht geklappt - ich musste meinen Urlaub verschieben,
> weil ..."

Anmerkungen

- Hören Sie hier und dort in die Gespräche hinein und machen Sie sich Notizen,
  wenn Sie merken, dass Wortschatz bzw. Redemittel fehlen. Sprechen Sie nach
  dem Spiel darüber.

- Sie können die Redemittel evtl. kopieren, vergrößern und im Klassenraum
  aufhängen, sodass sich die Lernenden bei Bedarf Hilfe bzw. Anregungen holen
  können.

Redemittel

- Dich / Sie habe ich ja lange nicht gesehen.
- Wie geht's dir denn? / Wie geht's Ihnen denn?
- Ist das nicht eine furchtbare Hitze / Kälte?
- Ist das nicht ein furchtbarer Regen / Wind / Nebel / Schnee / Hagel?
- Diese Kälte / Hitze!
- Dieser Regen / Wind / Nebel / Schnee / Hagel!
- Ist es nicht grauenvoll heiß / warm / kalt / schwül / windig / neblig?
- Das vertrage ich gar nicht.
- Mir macht das nichts aus.
- Ich hoffe, es wird bald wieder kühler / wärmer / trockener.
- Ich muss los.
- Bis bald mal wieder.

39 | Routenspiel

Sprachniveau
B1

Lerninhalt / Themenfeld
Wortschatz verankern: Chunks; Verkehrsregeln, Wegbeschreibungen

Anzahl der Spielerinnen / Spieler
beliebig viele Kleingruppen (3 – 5 Lernende)

Spieldauer
15 – 25 Minuten

Vorbereitung
- Kopiervorlagen 1 und 2 für jede Gruppe einmal kopieren und zerschneiden

Spielverlauf
Das Spiel wird wie das klassische Memory® gespielt: Alle Karten werden gemischt und verdeckt ausgelegt. Wer an der Reihe ist, deckt zwei Karten auf und darf diese behalten, wenn sie zusammenpassen. Wenn nicht, werden die Karten wieder umgedreht.

Anmerkung
Enthalten sind Wendungen und Begriffe, die normalerweise erst auf B1-Niveau eingeführt werden, aber auch viel Wiederholungsstoff aus A1 und A2. Wenn Sie möchten, können Sie das Spiel auch früher einsetzen. Dazu können Sie entweder die neuen Chunks einführen oder Sie lassen die Lernenden damit experimentieren, indem sie sich selbst die Bedeutung über die Kombination mit den Bildern erschließen. In diesem Fall können die Karten vor Beginn des eigentlichen Spiels durchgesehen und paarweise geordnet werden.

Varianten oder Anschlussaktivitäten
- Zur Partnerfindung: Alle bekommen eine Karte. Wer ein Bild hat, darf es nicht zeigen. Paare finden sich, indem entweder die Bilder beschrieben oder die Texte vorgelesen werden (die zweite Variante ist einfacher).
- Pantomime (Kleingruppen): Die Bildkarten <u>oder</u> die Textkarten werden sichtbar ausgebreitet, die anderen Karten kommen auf einen verdeckten Stapel. Eine Person zieht eine Karte vom Stapel und spielt vor, was darauf zu sehen oder zu lesen ist. Der Rest der Gruppe findet möglichst schnell die passende offene Karte.
- Zeichnen (Paare): Eine Person beschreibt eine Route. Für die Beschreibung können Karten aus dem Spiel benutzt werden, es darf aber auch frei ergänzt werden. Die Partnerin / Der Partner zeichnet die Route auf.

Kopiervorlage 1

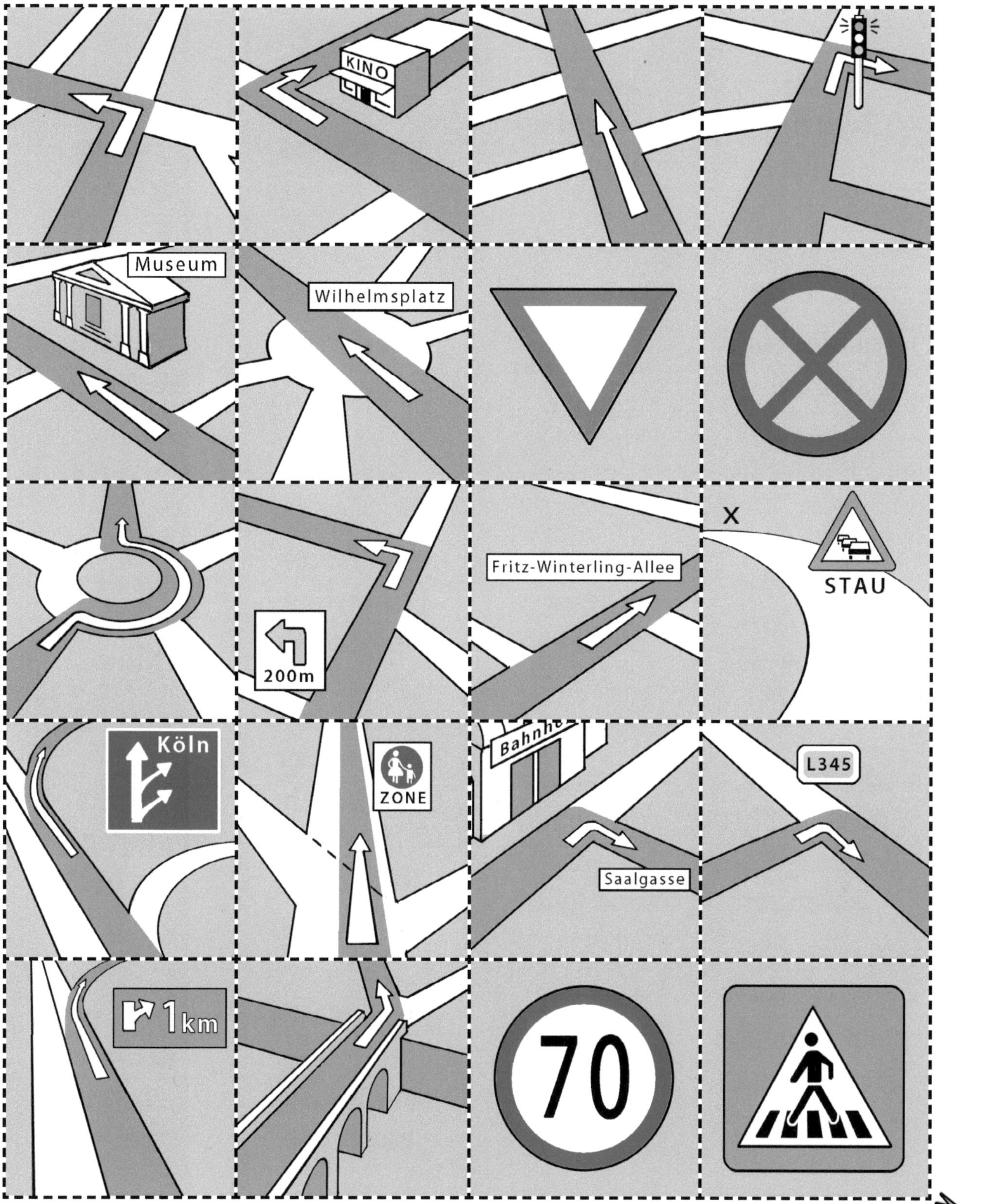

KINO

Museum

Wilhelmsplatz

Fritz-Winterling-Allee

X

STAU

Köln

ZONE

Bahnhof

L345

Saalgasse

200m

1km

70

Kopiervorlage 2

an der Kreuzung links	am Kino rechts abbiegen	immer geradeaus	an der Ampel rechts
am Museum vorbei	über den Wilhelms-platz	Vorfahrt achten	Parken verboten
im Kreis-verkehr die dritte Aus-fahrt nehmen	nach 200 m links abbiegen	die Fritz-Winterling-Allee entlang	Das Stauende liegt direkt hinter einer Kurve.
die zweite Ausfahrt in Richtung Köln nehmen	geradeaus durch die Fußgänger-zone gehen	gegenüber dem Bahnhof in die Saalgasse einbiegen	rechts abbiegen auf die L345
nach 1 km von der Autobahn abfahren	nach der Brücke links halten	Geschwindig-keitsbe-schränkung beachten	Fußgänger-überweg (Zebra-streifen)

40 | Personenpaare finden

Sprachniveau

B1

Lerninhalt / Themenfeld

Wortschatz verankern, wiederholen und testen: Funktionsverbgefüge

Anzahl der Spielerinnen / Spieler

alle / Großgruppe

Spieldauer

10 – 20 Minuten, abhängig von der Größe der Gruppe

Vorbereitung

- Kopiervorlage (S. 97) kopieren und zerschneiden
- Kartenpaare so auswählen, dass es zwei Karten weniger sind als Lernende (drei weniger bei einer ungeraden Anzahl Lernender)

Spielverlauf

Gespielt wird das Spiel wie das klassische Memory®, aber nicht mit Karten, die aufgedeckt werden, sondern mit Personen, die ein Wort oder eine Wortgruppe verkörpern. Es ist für vielerlei Inhalte einsetzbar (s. Varianten).

Zwei (oder bei ungerader Anzahl drei) Lernende verlassen den Raum. Alle anderen ziehen eine Karte und bleiben auf ihren Plätzen. Die Lernenden, die draußen gewartet haben, werden hereingerufen und spielen gegeneinander: Die erste Lernerin / der erste Lerner (LN 1) ruft nacheinander zwei Personen auf, die beide aufstehen und sagen, was auf ihren Karten steht (möglichst nicht ablesen). Wenn ein korrektes Funktionsverbgefüge entsteht, wurde dieses Paar von LN 1 „gewonnen" und stellt sich zu ihr / ihm. LN 1 kommt dann noch einmal an die Reihe. Passen die beiden Teile nicht zusammen, setzen sich beide Personen wieder und LN 2 kommt an die Reihe. Ziel ist es, die größte Gruppe um sich zu sammeln.

Anmerkungen

- Die Kopiervorlage entspricht dem Goethe-Zertifikat B1. Schreiben Sie ggf. eigene Karten mit Funktionsverbgefügen, die den Lernenden schon bekannt sind.
- Damit die „gewonnenen" Paare sich nicht langweilen, kann man sich in den größer werdenden Teams mit dem Aufrufen abwechseln.
- Sie können auch ganz auf Karten verzichten und stattdessen Paare bilden und diese ein Funktionsverbgefüge nennen lassen. Das sollte dann in der ganzen Gruppe geschehen, damit keine Doppelungen vorkommen.

Redemittel

- Du bist / Sie sind dran.
- Du darfst / Sie dürfen noch einmal.
- Ja, das ist ein Paar. / Nein, das ist kein Paar.
- Ja, das passt. / Das passt nicht, schade.
- Kannst du / Können Sie das bitte wiederholen?
- Noch einmal, bitte. / Wie bitte?

Anschlussaktivität

Die Karten können gemischt und von der ganzen Gruppe gemeinsam sortiert und evtl. auf einen Papierbogen geklebt werden.

Varianten

Hier einige Beispiele für mögliche Memory®-Paare: Die einfachste Möglichkeit ist es, Paare mit demselben Wort zu bilden wie beim klassischen Memory®; auch Paare mit demselben Satz sind denkbar. Im Folgenden sind mögliche Paare aus zwei verschiedenen Bestandteilen aufgelistet.

- A1: Gegenteile *(klein – groß, laut – leise, weiß – schwarz, teuer – billig, schnell – langsam, lang – kurz, schwer – leicht, alt – jung, gut – schlecht, allein – zusammen etc.)*; Wort und Pantomime / Geste; Frage und Antwort *(Wie viel Uhr ist es? – Halb drei.)*

- A2: Gegenteile *(auch Nomen und Verben, z. B. der Anfang – das Ende, die Ankunft – die Abfahrt, verdienen – ausgeben, anfangen – aufhören etc.)*; Synonyme *(billig – günstig, schön – hübsch, wunderbar – herrlich, Haus – Gebäude, buchen – reservieren, das Ende – der Schluss, anfangen – beginnen etc.)*; Kollokationen *(sich die Haare – waschen, das Geschirr – spülen, sich die Zähne – putzen, den Mantel – reinigen lassen)*; Wortpaare aus unterschiedlichen Wortfeldern *(Stuhl – Tisch, Pullover – Hose, Apfelsaft – Tee, Haus – Wohnung, Motorrad – Auto etc.)*; Wort und Erklärung *(die Gitarre – Das ist ein Musikinstrument, das meistens aus Holz ist.)*; formelhafte Wendungen *(Guten – Appetit!, Gute – Reise!, Herzliche – Grüße, Herzlichen – Glückwunsch!, Viel – Spaß!, Frohe – Weihnachten!, Frohes – neues Jahr!, Prost – Neujahr!, Bis – bald!, Zum – Wohl!, Schönen – Urlaub!, Schöne – Feiertage!, Auf – Wiederhören)*

- B1, B2: Redewendungen und Sprichwörter *(sich den Kopf – zerbrechen; Wie gewonnen – so zerronnen! etc.)*; Wort und Erklärung mit einer vorgegebenen Struktur, *hier*: Passiv mit Modalverben *(Holz – Es kann zu Möbeln oder Papier verarbeitet werden., Papier – Es kann zerrissen oder zerschnitten werden.)*

eine Frage	stellen
Rücksicht	nehmen
eine Rede	halten
sich Mühe	geben
in Rente	gehen
einen Vertrag	abschließen
zur Sache	kommen
einen Kompromiss	finden
keine Rolle	spielen
einen Kredit	aufnehmen
eine Auswahl	treffen
jemanden auf andere Gedanken	bringen
eine glückliche Ehe	führen
schlechte Nachrichten	bekommen

41 | Verbale Streicheleinheiten

Sprachniveau
B1

Lerninhalt / Themenfeld
Wortschatz anwenden und wiederholen: Nomen, Adjektive; positive persönliche Eigenschaften und Merkmale

Anzahl der Spielerinnen / Spieler
alle / Großgruppe

Spieldauer
15 – 20 Minuten (inkl. 5 – 10 Minuten zum Sammeln des Wortschatzes)

Benötigtes Material
- A4-Papier in mehreren Farben
- Klebeband, Wäscheklammern oder Vielzweckklemmen
- ruhige Musik

Spielverlauf
1. Sammeln Sie auf Zuruf Wortschatz für positive persönliche Eigenschaften (Nomen und Adjektive). Ein Tafelanschrieb ist nur nötig, wenn ein Begriff nicht von allen verstanden wird.
2. Die Lernenden suchen sich ein Blatt aus und schreiben als Überschrift: Mir gefällt / gefallen … Dann lassen sie sich das Blatt von einer anderen Person auf den Rücken kleben oder klemmen.
3. Während die Musik spielt, gehen alle im Raum umher. Wem ein Kompliment für eine andere Person einfällt, schreibt es ihr auf den Rücken (z. B.: dein Humor / deine schönen langen Haare / dass Sie immer so aufmerksam sind). Wenn alle genug Gelegenheit zum Schreiben hatten, dürfen die Blätter „abgepflückt" und gelesen werden. Lassen Sie dabei ruhig die Musik noch weiterlaufen.

Varianten
- Wenn Ihnen eine intensivere Wiederholung des Wortschatzes wichtig ist, kann das vorbereitende Sammeln auch schriftlich in Gruppen geschehen.
- Statt auf den Rücken zu schreiben, kann man auch so vorgehen: Die Lernenden sitzen im Kreis. Jede / Jeder Lernende schreibt eine Anrede **mit dem eigenen Namen** auf ein Blatt, z. B. Liebe Priya!, und gibt es nach rechts weiter. Die Blätter werden wie oben reihum mit Komplimenten oder auch guten Wünschen ergänzt.
- Wie die zweite Variante: Zusätzlich schreiben alle zu Beginn ihre Adresse auf einen Umschlag und stecken das Blatt hinein (oder man verwendet statt der Blätter Postkarten). Stoppen Sie das Spiel, bevor der Brief die Adressatin / den Adressaten wieder erreicht. Die Person links von dieser / diesem behält den Brief, klebt eine Briefmarke darauf und schickt ihn 1 – 2 Wochen später ab.

Anmerkung
Das Spiel kann ein schöner Abschluss sein, wenn sich die Lerngruppe bald trennt, aber auch zu anderen Zeitpunkten zu einem positiven Klima beitragen. Spielen Sie mit!

42 | Abenteuer Komponiersprache

Sprachniveau
B1

Lerninhalt / Themenfeld
Wortschatz erweitern: Komposita

Anzahl der Spielerinnen / Spieler
alle / Großgruppe

Spieldauer
15 – 20 Minuten

Benötigtes Material
■ Klingel, Hupe o. Ä.

Vorbereitung
■ Kopiervorlage (S. 101) einmal kopieren und zerschneiden oder eigene Karten schreiben

Spielverlauf
Lassen Sie die Lernenden ein paar gängige Komposita nennen und schreiben Sie sie an die Tafel. Achten Sie darauf, dass Beispiele mit Bindelauten und Plural-formen dabei sind, wie etwa *Schokolade-n-kuchen, Liebe-s-film, Filme-macher* oder *Hühner-suppe*. Sprechen Sie mit den Lernenden kurz darüber, dass Deutsch eine „Komponiersprache" ist. U. a. bedeutet dies, dass man theoretisch jedes beliebige Nomen mit jedem anderen „zusammenkleben" kann, solange das neue Wort Sinn ergibt.

Dann bekommt jede / jeder Lernende ein Kärtchen der Kopiervorlage. Die Lernenden stehen in Kugellagerformation[1], sodass alle ein Gegenüber haben. Die Partnerinnen / Partner sagen sich ihre beiden Wörter und überlegen gemeinsam, ob sich daraus ein oder sogar zwei Komposita bilden lassen. Neue Kreationen sind erlaubt, es muss aber jeweils eine Definition dafür gefunden werden.

Beispiel 1:
> „Ich habe *Glas*."
> „Und ich *Flasche*."
> „Das ist ja einfach – *Glasflasche*."
> „Oder *Flascheglas* … Nein, wahrscheinlich *Flaschenglas* …"
> „Du, ich glaube, das gibt es sogar! Das ist Glas, aus dem Flaschen hergestellt sind."

---

1 Kugellagerformation bedeutet, dass die Lernenden sich in zwei Gruppen aufteilen und einen stehenden oder sitzenden Innen- und ebenso einen Außenkreis bilden. Es stehen oder sitzen sich also immer zwei Partnerinnen / Partner gegenüber.

Beispiel 2:

> „Ich habe *Entspannung*."
>
> „Da geht nichts ... Ich habe *Tasche*."
>
> „*Entspannungstasche* könnte es aber geben! Da ist alles drin, was ich zum Entspannen brauche – meine Lieblingsmusik, ein gutes Buch, ein schönes Handtuch und so ..."

Nach 20–30 Sekunden Redezeit klingeln Sie. Die Partnerinnen / Partner tauschen ihre Kärtchen. Der Außenkreis bewegt sich um einen Platz nach rechts und der nächste Austausch beginnt.

Anmerkung

Bei einer ungeraden Anzahl an Lernenden stellen Sie einen Stuhl in den Innenkreis, um die fehlende Person zu ersetzen; wer den Stuhl als Gegenüber hat, setzt in dieser Runde aus. Oder Sie spielen mit.

Redemittel

- Das gibt es (bestimmt) (nicht).
- Ich glaube, das habe ich schon mal gehört.
- Das könnte bedeuten: ...
- Warum nicht?
- Das klingt komisch / lustig / ...

Anschlussaktivität

Fragen Sie die Lernenden nach interessanten Kombinationen, die sich ergeben haben. Was meinen die anderen dazu? Gibt es das Wort vielleicht tatsächlich? Was könnte es bedeuten? Die interessantesten Komposita werden an Paare verteilt. Diese versuchen, sie im Wörterbuch oder durch eine Internetrecherche zu finden. Besonders bei der Recherche im Internet werden sie feststellen, dass es fast nichts gibt, was es nicht gibt!

Kind	Flasche	Frühling
Katze	Schiff	Wetter
Glas	Tasche	Entspannung
Lampe	Garten	Kurs
Buch	Musik	Film
Zimmer	Plastik	Horror
Reise	Werkzeug	Zeit
Baum	Schmuck	Spielzeug

43 | Sag es einfach

Sprachniveau
B1

Lerninhalt / Themenfeld
- Wortschatz erweitern: abgeleitete und erweiterte Grundverben, Synonyme
- Grammatik: trennbare und nicht trennbare Verben, Verben mit Präpositionen

Anzahl der Spielerinnen / Spieler
beliebig viele Kleingruppen

Spieldauer
ca. 30 Minuten

Benötigtes Material
- ein einsprachiges deutsches Wörterbuch pro Gruppe oder Internetzugang

Vorbereitung
- Kopiervorlagen 1 und 2 je einmal pro Kleingruppe kopieren

Spielverlauf
1. Sprechen Sie darüber, dass viele Lernende glauben, Fortgeschrittene müssten besonders komplizierte Wörter kennen, dass aber in Wirklichkeit der Wortschatz von Muttersprachlerinnen / Muttersprachlern meist um einfache Kernbestandteile kreist. Geben Sie ein Beispiel für ein einfaches Grundverb mit ein paar Ableitungen und Kollokationen, z. B. *geben, aufgeben, nachgeben, abgeben, Gas geben, einen Kuss geben, eine Chance geben, zur Reparatur geben.*
2. Jede Kleingruppe bekommt eine Kopie von Kopiervorlage 1. Welche Gruppe findet das Grundverb zuerst? Lassen Sie dann das Arbeitsblatt ergänzen, soweit die Gruppen die Antworten wissen. Danach wird im Plenum verglichen, Fehlendes ergänzt und neue Lexik erklärt.
3. Anschließend bekommt jede Gruppe eine Kopie von Kopiervorlage 2, einigt sich auf ein Grundverb und schreibt ein entsprechendes Rätsel mit fünf Sätzen, evtl. mithilfe des Wörterbuchs oder einer geeigneten Website (s. Anmerkungen). Das fertige Rätsel wird an eine andere Gruppe weitergegeben; falls nicht alle Antworten gefunden werden, wird es mehrfach weitergereicht.

Anmerkungen
- Falls eine Gruppe keine Idee für Schritt 3 hat: geeignete Verben sind z. B. *tun, laufen, kommen, gehen, nehmen, stellen, haben, fahren, sprechen.*
- Um ein Grundverb zu recherchieren, kann man es in einem guten Wörterbuch nachschlagen oder es zusammen mit dem Suchbegriff „Wortfamilie" im Internet suchen.
- Die Lösungen für Kopiervorlage 1 finden Sie im Anhang.

Redemittel
- Ich glaube, es gibt auch …
- Kannst du / Können Sie mal im Wörterbuch nachsehen?

Anschlussaktivität
Die Blätter werden aufgehängt. Paare suchen sich einen Beispielsatz aus und improvisieren einen Minidialog.

Kopiervorlage 1

Welches Verb steckt hier überall drin?

....

Wie kann man es anders sagen?

Schließ bitte das Fenster!

....

....

Können wir für nächste Woche einen Termin vereinbaren?

....

....

Würden Sie bitte das Licht löschen?

....

....

Sie öffnet ihre Tasche.

....

....

Kannst du mir den Tanz mal zeigen?

....

....

Wir wollen ein Geschenk für Hassan kaufen. Beteiligst du dich?

Wir wollen ein Geschenk für Hassan kaufen.

....

Meine Oma hat mir ihr Haus hinterlassen.

....

....

Mit dieser Idee kann man richtig viel verdienen!

....

....

Beeil dich!

....

....

Wer kocht?

....

Klett

Kopiervorlage 2

Welches Verb steckt hier überall drin?

....

Wie kann man es anders sagen?

....	....
....	....
....	....
....	....
....	....
....	....
....	....
....	....
....	....

44 | Als die Professorin den Dieb traf

Sprachniveau
B1.2

Lerninhalt / Themenfeld
Wortschatz anwenden und wiederholen: Berufe, berufliches Umfeld

Anzahl der Spielerinnen / Spieler
vier beliebig große Gruppen

Spieldauer
ca. 40 – 45 Minuten

Benötigtes Material

- Spielkarten, so viele wie Lernende im Kurs sind; etwa gleich viele von jeder Kartenfarbe (Karo, Herz, Pik und Kreuz)

Vorbereitung

- die Kopiervorlage (S. 107) viermal kopieren

Spielverlauf
Alle ziehen eine Karte. Lernende mit der gleichen Kartenfarbe finden sich zu einer Gruppe zusammen. Jede Gruppe bekommt eine Kopie der Kopiervorlage und Zeit zum Durchlesen und Klären von unbekannten Berufsbezeichnungen. Schreiben Sie in der Zwischenzeit an die Tafel, wie viele Mitglieder jede Gruppe hat (z. B. Karo: 5 Personen). In geheimer Konferenz kreuzt jede Gruppe auf ihrer Liste so viele Berufe an, wie ihre Partnergruppe Mitglieder hat: Karo und Herz sind Partnergruppen, Pik und Kreuz ebenso. Die Partnergruppen tauschen die angekreuzten Listen und verteilen die angekreuzten Berufe als Rollen. Die Gruppen bekommen 20 – 30 Minuten Zeit, um eine kleine Spielszene zu entwickeln. Darin sollen die Berufe nicht benannt werden, aber es soll Hinweise für die Zuschauerinnen / Zuschauer geben, damit sie die Berufe herausfinden können.

Beispiel:

> LN 1: „Wir sind im Wartezimmer beim Arzt. Also, es geht los!"
> LN 2 hustet.
> LN 1: „Das hört sich ja schlimm an."
> LN 2: „Ja, das geht schon seit zwei Wochen so. Eine Katastrophe für mich, ich musste schon zwei gut bezahlte Abende absagen. Aber was ist denn mit Ihrem Auge passiert?"
> LN 1: „Da hatte ich eine … hm … kleine Meinungsverschiedenheit mit … äh … einer prominenten Person … Sie wollte nicht, dass ich sie fotografiere."
> LN 3: „Ach? Das ist ja spannend! Verraten Sie uns doch, wer das war!"
> LN 1: „Ein bekannter Musiker war das, ein Pianist. Das war letzte Woche in Bregenz, wo ich über die Festspiele schreiben sollte. Mehr darf ich Ihnen leider nicht sagen. Ja, ja, unser Beruf ist leider nicht ohne Gefahren."
> LN 2: „Dann weiß ich, wer das war! Ich komme ja auch aus diesem Bereich."

LN 3: „Ja, natürlich! Ich habe doch gleich gedacht, dass ich Sie kenne! Sind Sie nicht Isolde Mascarpone? Sie haben so eine wunderbare Stimme! Ich würde ja viel öfter zu ihren Konzerten kommen, wenn ich nicht dauernd Nachtschicht hätte … Meine Fahrgäste sind auch immer ganz begeistert."

LN 2: „Imelda Mastrantonio. Danke. Ich …"

LN 4: „Entschuldigen Sie, würde es Ihnen etwas ausmachen, wenn ich als Nächster zum Arzt reingehe? Mein Neffe passt auf den Laden auf, aber er ist erst 15 und ich mache mir solche Gedanken."

Nacheinander präsentieren die Gruppen ihre Szenen. Die beiden Gruppen, die jeweils nicht beteiligt waren, geben anschließend ihre Tipps ab, welche Berufe gemeint waren. Gewonnen hat die Gruppe, die die meisten Berufe richtig erraten hat.

Variante

Wenn weniger Zeit zur Verfügung steht: Paare wählen zwei Berufe von der Liste, sprechen sich kurz ab und spielen in einer Kleingruppe (6 – 8 Personen) den Dialog vor; die anderen raten.

Anmerkungen

- Wenn die Lernenden noch keine oder wenig Erfahrung mit Theater- oder Improvisationsaktivitäten haben, sollte man zuvor ein paar Ideen sammeln, bei welchen Gelegenheiten solch unterschiedliche Menschen aufeinandertreffen könnten, also z. B. in einem Sprachkurs, im Flugzeug, in der Bahn, im Stau, auf einer Party, im Wartezimmer, an der Supermarktkasse usw.
- Ideal ist es, wenn es für die Planungsphase Rückzugsmöglichkeiten gibt (freie Räume, Flur, Hof).
- Besuchen Sie die Gruppen und achten Sie darauf, dass die Szenen nicht schriftlich ausformuliert werden.
- Bevor vorgespielt wird, sollen die Zuschauerinnen / Zuschauer die Berufelisten umdrehen, da sonst auf den Listen gesucht statt zugeschaut wird!

Redemittel

- In meinem Beruf muss ich oft / viel …
- Ich muss aus beruflichen Gründen oft / viel …
- Ich verbringe viel Zeit im / in der …
- Abends / Am Wochenende muss ich oft …
- Das ist bei mir ganz anders.
- Das ist bei mir genauso.

Anschlussaktivität

Schreibaufgabe: Die Lernenden wählen eine Figur aus den Spielszenen, die sie interessant fanden, und beschreiben einen typischen Arbeitstag dieser Person.

☐ Altenpflegerin / Altenpfleger	☐ Anwältin / Anwalt	☐ Architektin / Architekt	☐ Ärztin / Arzt
☐ Babysitterin / Babysitter	☐ Bäckerin / Bäcker	☐ Bauarbeiterin / Bauarbeiter	☐ Beamtin / Beamter
☐ Briefträgerin / Briefträger	☐ Bundeskanzlerin / Bundeskanzler	☐ Bürgermeisterin / Bürgermeister	☐ Busfahrerin / Busfahrer
☐ Diebin / Dieb	☐ Einbrecherin / Einbrecher	☐ Friseurin / Friseur	☐ Fußballtrainerin / Fußballtrainer
☐ Gemüsehändlerin / Gemüsehändler	☐ Handwerkerin / Handwerker	☐ Hausmeisterin / Hausmeister	☐ Journalistin / Journalist
☐ Kellnerin / Kellner	☐ Killerin / Killer	☐ Köchin / Koch	☐ Künstlerin / Künstler
☐ Malerin / Maler	☐ Managerin / Manager	☐ Mechanikerin / Mechaniker	☐ Metzgerin / Metzger
☐ Ministerin / Minister	☐ Musikerin / Musiker	☐ Politikerin / Politiker	☐ Polizistin / Polizist
☐ Profisportlerin / Profisportler	☐ Reiseleiterin / Reiseleiter	☐ Rennfahrerin / Rennfahrer	☐ Rentnerin / Rentner
☐ Reporterin / Reporter	☐ Richterin / Richter	☐ Sängerin / Sänger	☐ Schauspielerin / Schauspieler
☐ Schriftstellerin / Schriftsteller	☐ Schulleiterin / Schulleiter	☐ Sozialarbeiterin / Sozialarbeiter	☐ Studentin / Student
☐ Taxifahrerin / Taxifahrer	☐ Tennislehrerin / Tennislehrer	☐ Übersetzerin / Übersetzer	☐ Universitätsprofessorin / Universitätsprofessor
☐ Unternehmerin / Unternehmer	☐ Verkäuferin / Verkäufer	☐ Wirtin / Wirt	☐ Wissenschaftlerin / Wissenschaftler

45 | Wie der See der Freude zu seinem Namen kam

Sprachniveau
B2

Lerninhalt / Themenfeld
- Wortschatz verankern, wiederholen und erweitern: Nomen; Abstrakta: Stimmungen, Gefühle, Werte; Landschaftsformen (Wiederholung)
- Grammatik: Genitiv mit bestimmtem Artikel; Erzählstrukturen (Präteritum, temporale Nebensätze etc.)

Anzahl der Spielerinnen / Spieler
gerade Anzahl von Kleingruppen (je 2 – 4 Lernende)

Spieldauer
Schritt 1: ca. 5 Minuten; Schritt 2: 10 – 15 Minuten; Schritt 3: 20 – 30 Minuten

Benötigtes Material
- weiße Papierbögen (mindestens A3), einer pro Gruppe
- Farbstifte

Vorbereitung
- Kopiervorlage einmal vergrößern

Spielverlauf
1. Wiederholen und sammeln Sie an der Tafel Landschaftsmerkmale: *Berg, Gebirge, Tal, See, Fluss, Wüste, Feld, Meer, Strand, Wald* usw. Schreiben Sie anschließend drei oder vier Beispiele für Abstrakta (mit Artikel) an, z. B. *die Schönheit, die Freude, die Dummheit, die Gerechtigkeit, das Vertrauen, die Angst, der Genuss, die Gemeinschaft.* Fordern Sie die Lernenden auf, weitere Ideen zu sammeln. Ermutigen Sie auch zum Experimentieren, z. B. mit *-heit* und *-keit,* und korrigieren Sie, wo nötig. Schreiben Sie dann groß „der See der Freude" und zeigen Sie die Beispiellandkarte.
2. Die Gruppen bekommen Papier und Stifte und entwerfen eigene Landkarten mit Ortsnamen.
3. Jeweils zwei Gruppen tauschen ihre Landkarten. Bitten Sie die Lernenden, ein paar Ortsnamen vorzulesen und sagen Sie z. B. „Das Meer der Freundlichkeit … Das ist ja interessant. Woher kommt der Name, was denken Sie?". Die Gruppen wählen – je nach Arbeitstempo – einen bis drei Ortsnamen von der Karte und schreiben kleine Texte über die „geschichtlichen Hintergründe" der Namen. Anschließend kommen die beiden Gruppen wieder zusammen und lesen sich ihre Texte vor.

Variante
Die Landkarten dienen als Anregung für Reisebeschreibungen.

Beispiel: „Am 3. Mai reisten wir aus der Stadt der Ungerechtigkeit ab. Zuerst mussten wir durch die Wüste der Langeweile, aber bald kamen wir ins Tal der Vielfalt, wo uns wunderbare Menschen begegneten. Sie zeigten uns …"

Redemittel
- Ich habe eine Idee.
- Vielleicht gab es … / war dort …
- … bedeutet doch, dass …
- Die Leute nannten ihn / es / sie so, weil …

Wald der Entspannung

Berg der Freiheit

See der Freude

Fluss des Lachens

Wüste der Monotonie

Meer der Sehnsucht

46 | Puzzle-Wettstreit

Sprachniveau
B2

Lerninhalt / Themenfeld
Wortschatz üben, anwenden und wiederholen: Nomen; geometrische Formen
(Linien, Flächen, Körper)

Anzahl der Spielerinnen / Spieler
2er- oder 3er-Teams; die Anzahl der Teams muss durch 3 teilbar sein

Spieldauer
10 – 15 Minuten

Benötigtes Material
- Briefumschläge oder Klarsichthüllen

Vorbereitung
- Puzzle für jedes Team (2 – 3 Personen) einmal kopieren und zerschneiden
- jeweils 3 Puzzles mischen und diese 36 Teile in einen Umschlag oder eine
  Klarsichthülle stecken

Spielverlauf
Bilden Sie Paare und / oder 3er-Teams. Je drei Teams setzen sich zu einer Großgruppe
zusammen. Jedes Team braucht ein wenig sichtgeschützten Platz zum Legen seines
Puzzles – man kann ein aufgeklapptes Buch davorstellen oder, falls kleine Tische
vorhanden sind, den gegnerischen Teams den Rücken zuwenden. Geben Sie jeder
Großgruppe einen Umschlag. Jedes Team bekommt zwölf Puzzleteile und fügt
zunächst passende Teile zusammen. Dann wird ausgelost, wer mit Fragen beginnen
darf: Jedes Team versucht, fehlende Teile zu bekommen, indem es ein anderes Team
danach fragt (s. die Namen der geometrischen Formen im Lösungsteil).

Beispiel (Team A hat bereits einen Zylinder und fragt Team C):

> „Habt ihr ein Teil mit einem Zylinder?"

Falls die Antwort *Ja* ist, muss Team C das Teil herausgeben (oder, wenn es mehrere
Teile mit einem Zylinder hat, eins davon) und Team A kommt noch einmal an die
Reihe. Falls nicht, ist Team C an der Reihe. Gewonnen hat das Team, welches zuerst
sein Puzzle vervollständigt hat.

Anmerkungen
- Da jedes Teil dreimal im Spiel ist, kann es natürlich sein, dass man doppelte
  Exemplare bekommt statt des gesuchten Gegenstücks. Das ist kein Fehler im
  Spiel, sondern erhöht den Reiz.
- Sie können darauf hinweisen, dass sich ein Stern ergibt, wenn richtig gelegt wurde.

Variante
Je nach Wortschatz ist das Spiel auch auf anderen Niveaus durchführbar. Kopieren
Sie dazu die zusätzliche Kopiervorlage aus dem Anhang (S. 138). An die Schnittkanten
kommen kleine Zeichnungen, oder auch Wörter oder Wendungen. Im letzteren Fall
fragt man dann nicht direkt nach den Wörtern, sondern beispielsweise so: „Habt ihr
ein kaltes Getränk?" *(Limonade)* – „Was sagt man, wenn jemand Geburtstag hat?"
(Herzlichen Glückwunsch!)

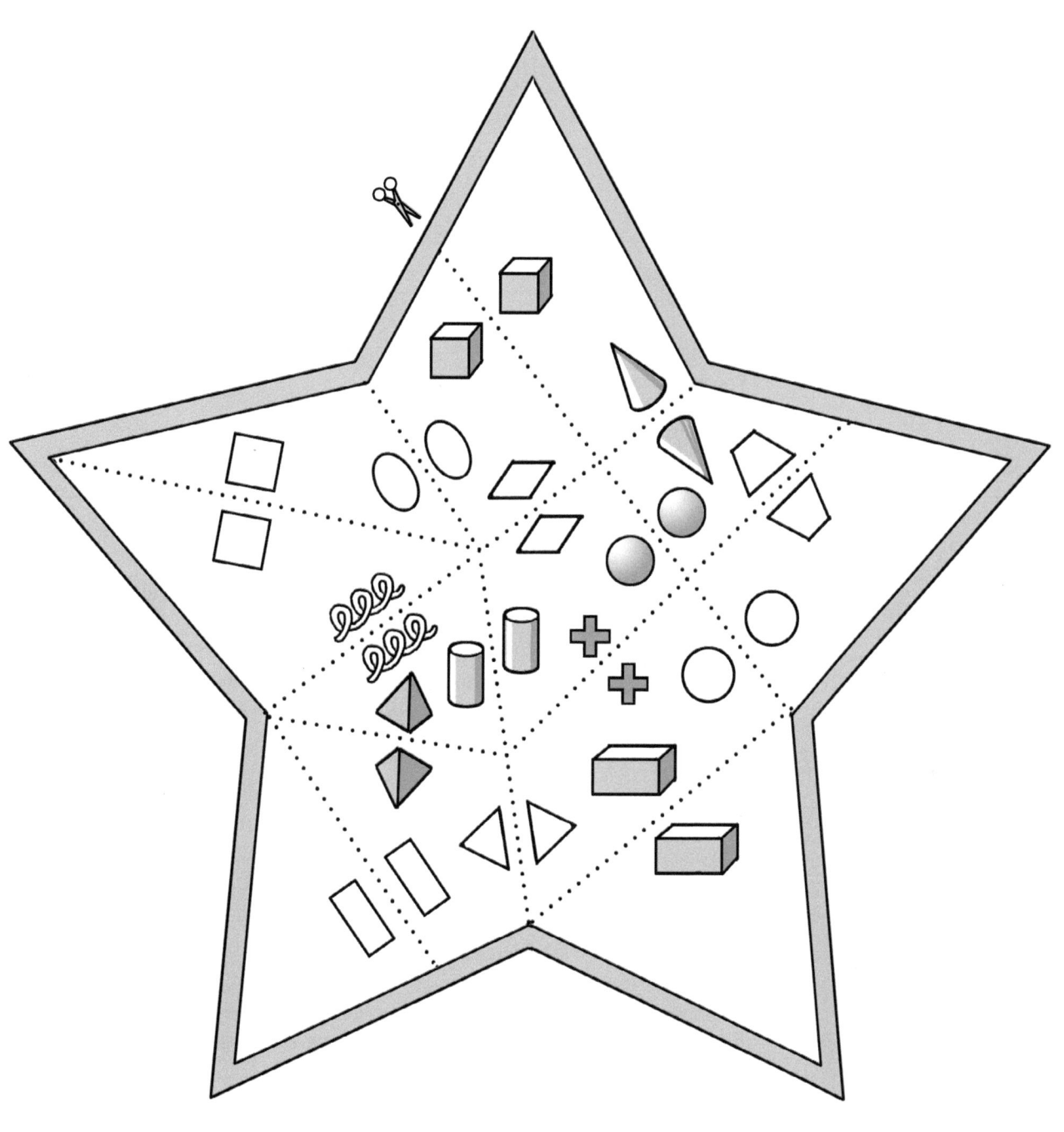

47 | Floskeln werfen

Sprachniveau
B2

Lerninhalt / Themenfeld
Wortschatz verankern: Redemittel zum Präsentieren

Anzahl der Spielerinnen / Spieler
alle / Großgruppe

Spieldauer
5 – 10 Minuten

Benötigtes Material
■ Ball

Vorbereitung
■ Kopiervorlage kopieren und zerschneiden

Spielverlauf
Jede / Jeder Lernende bekommt ein Kärtchen, ergänzt es (falls nötig) mit eigenen Ideen und lernt den Satz auswendig. Wer sicher ist, seinen Satz zu beherrschen, steht auf und geht in die Mitte des Raumes. Wenn alle Lernenden in die Mitte gekommen sind, stellen sie sich in einem Kreis auf und das Spiel beginnt. Die Lernenden werfen sich den Ball zu. Die Person, die den Ball wirft, sagt dabei ihren Satz. Alle sollen genau zuhören. Es wird so lange gespielt, bis alle ihren Satz mindestens fünfmal gesagt haben. Dann ändert sich die Spielregel: Man sagt jeweils den Satz der Person, der man den Ball zuwirft. Wer den Ball zugeworfen bekommt, ohne dass der Satz korrekt gesagt wurde, wirft den Ball kommentarlos zurück.

Anmerkungen
■ Spielen Sie mit, dann können Sie das Spiel ein wenig steuern, indem Sie den Ball Lernenden zuwerfen, die nicht so oft gewählt werden, weil sie einen komplizierteren Satz haben. Sie können sich auch als „sichere Station" anbieten: Wählen Sie dafür eine einfache Floskel wie „Vielen Dank für Ihre Aufmerksamkeit". Die Lernenden können dann immer Ihnen den Ball zuwerfen, wenn sie sich an nichts anderes erinnern können.
■ Wenn es weniger als 24 Lernende sind, teilen Sie weniger Karten aus. Die Redemittel für den Anfang und das Ende von Präsentationen sollten aber dabei sein (vgl. Anschlussaktivität).
■ Bereits ab A1 können Sie so neuen Wortschatz festigen, z. B. Chunks aus dem Anfangsunterricht wie „Ich habe eine Frage.", „Können Sie das bitte wiederholen?", „Ich brauche einen Stift." usw.

Anschlussaktivität
Die Lernenden stellen sich in der Reihenfolge auf, in der ihre Sätze in einer Präsentation vorkommen könnten und sagen die Sätze noch einmal laut.

Guten Tag, meine Damen und Herren.	Ich möchte von einigen Erfahrungen aus meiner Praxis berichten.
Danke, dass Sie gekommen sind.	Dafür möchte ich ein Beispiel geben.
Ich begrüße Sie zu / in / bei …	… hat viele Vorteile.
Mein Name ist …	Es gibt aber auch einige Nachteile.
Ich möchte heute mit Ihnen über … sprechen.	Das kann man in der Abbildung sehr schön sehen.
Mein Vortrag besteht aus … Teilen.	Die Tabelle zeigt die Zahlen von … bis …
Der Schwerpunkt / Das Thema meiner Präsentation ist …	Zum Schluss möchte ich das Wichtigste noch einmal kurz zusammenfassen.
Ich möchte Ihnen zunächst einen kurzen Überblick über … geben.	Damit bin ich am Ende meines Vortrags / meiner Präsentation angelangt.
Danach gehe ich ausführlich(er) auf … ein.	Vielen Dank für Ihre Aufmerksamkeit.
Abschließend möchte ich noch etwas zu … sagen.	Sie haben sicher noch einige Fragen.
Ich komme jetzt zu meinem nächsten Punkt.	Ich bin nicht sicher, ob ich die Frage richtig verstanden habe.
Dazu später mehr.	Wenn Sie keine Fragen mehr haben, darf ich mich jetzt verabschieden.

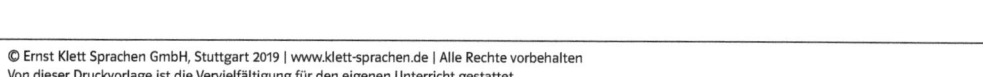

48 | Synonym-Dialog

Sprachniveau
B2

Lerninhalt / Themenfeld
Wortschatz anwenden: Redemittel; Beruf (Einzelhandel)

Anzahl der Spielerinnen / Spieler
alle / Großgruppe

Spieldauer
10 – 15 Minuten

Vorbereitung
■ Kopiervorlage (S. 116) einmal kopieren und zerschneiden

Spielverlauf

1. Falls die Gruppe noch nicht weiß, was eine Filiale ist, erläutern Sie den Begriff und lassen Sie 1 – 2 Beispiele nennen. Erklären Sie, dass gleich eine Situation gespielt werden soll: der Besuch einer Regionalleiterin / eines Regionalleiters einer kleinen Handelskette in einer Filiale. Die Filialleiterin / der Filialleiter soll den Besuch empfangen, herumführen und einige Themen besprechen. Sammeln Sie Ideen, welche Punkte Gegenstand eines solchen Gesprächs sein könnten.

2. Suchen Sie zwei Freiwillige, die für den Anfang die beiden Rollen übernehmen. Die Gruppe soll den beiden Namen geben und entscheiden, um was für eine Art von Geschäft es sich handelt. Geeignet wären z. B. ein Schuh- oder Bekleidungsgeschäft, ein Drogeriemarkt oder eine Parfümerie, ein Geschäft für Haushaltsartikel, Modeschmuck oder Sportartikel.

3. Geben Sie den beiden Darstellerinnen / Darstellern die grau unterlegten Karten von der Kopiervorlage und erklären Sie, dass sie den Dialog ganz normal beginnen sollen, wie er auch im wirklichen Leben stattfinden könnte, dass sie aber außerdem ihren Satz an einer geeigneten Stelle unterbringen sollen. Verteilen Sie die restlichen Karten an die anderen Lernenden und geben Sie allen einen Moment Zeit zum Durchlesen.

4. Jetzt beginnt der Dialog. Die Gruppe soll sehr genau zuhören. Sobald der erste Satz von einer der Karten gesagt wird, rufen Sie: „Stopp! – Wer hat einen Satz mit ähnlicher Bedeutung?". Die Person, die sich meldet, übernimmt dann die entsprechende Rolle, indem sie mit dem Satz von ihrer Karte das Gespräch wieder aufnimmt.

Beispiel:

> LN 1 (Filialleiter): „Hallo, Frau Möbius, schön, dass Sie da sind!"
> LN 2 (Regionalleiterin): „Guten Tag, Herr Happ, ja, ich freue mich auch."
> LN 1: **„Wie war die Fahrt?"**
> LK: „Stopp! – Wer hat einen Satz mit ähnlicher Bedeutung?"
> LN 3 meldet sich und nimmt den Platz von LN 1 ein, während LN 1 sich setzt.
> LN 3: **„Also ... Hatten Sie eine gute Anreise?"**

5. Stoppen Sie das Spiel noch einmal und erklären Sie den weiteren Verlauf: Das Publikum muss genau aufpassen. Wer einen Satz hört, für den sie / er eine alternative Formulierung auf ihrer / seiner Karte hat, springt auf, tippt der Sprecherin / dem Sprecher auf die Schulter und nimmt deren / dessen Platz ein. Man sagt dann immer zuerst den ersten Satz von der eigenen Karte, ggf. mit einer passenden Einleitung (s. Redemittel), und versucht, den zweiten Satz während des Gesprächs anzubringen.

Beispiel (Fortsetzung):

LN 3: „Keine Probleme mit Staus auf der A5?"
LN 2: „Nein, heute nicht, zum Glück!"
LN 3: „Darf ich Ihnen erst mal einen Kaffee anbieten?"
LN 2: „Nein, vielen Dank, Herr Happ, ich habe heute leider nur kurz Zeit ... Können wir uns gleich die wichtigsten Punkte vornehmen?"
LN 3: „Ja, natürlich, gern."
LN 2: „Zuerst einmal, Kompliment – **das Schaufenster hat jetzt einen viel attraktiveren Look als vorher!** Ich muss sagen ..." (wird von LN 4 angetippt und setzt sich)
LN 4: „Also, wie gesagt, **die Schaufenstergestaltung gefällt mir jetzt viel besser** und ..."

Anmerkungen

- Alle Karten müssen verteilt werden. Deshalb geben Sie einigen Lernenden zwei Karten, falls weniger als 18 Personen im Kurs sind. Wenn es mehr als 18 Lernende sind, können Paare gebildet werden. Diese einigen sich dann vorher, wer beim Schauspielern einspringen soll, achten aber gemeinsam auf ihren Einsatz.
- Das Spiel ist auch gut für andere Gesprächssituationen im beruflichen Umfeld und für den fachsprachlichen Unterricht geeignet (z.B. Übergabegespräch zwischen Pflegeschichten im Krankenhaus; Führung einer neuen Mitarbeiterin / eines neuen Mitarbeiters durch die Firma; Bewerbungsgespräche); schreiben Sie dafür eigene Karten mit passenden Redemitteln.

Redemittel

- Also, ...
- ... wie gesagt ...
- ... wie ich gerade gesagt habe ...
- ... um das noch einmal zu wiederholen ...
- Darf ich Ihnen erst mal einen Kaffee anbieten?
- Nein, vielen Dank, ich habe heute leider nicht viel Zeit.
- Können wir uns gleich die wichtigsten Punkte vornehmen?
- Ja, natürlich, gern.
- Zuerst einmal ...
- Jetzt noch zu einem anderen Thema: ...
- Hat mich sehr gefreut.

Anschlussaktivität

Die Gruppe rekonstruiert gemeinsam und aus dem Gedächtnis das Gespräch und sammelt dabei möglichst viele von den Redemitteln (mit ihren Synonymen) an der Tafel.

Regionalleiterin / Regionalleiter (RL)	Filialleiterin / Filialleiter (FL)
Das Schaufenster hat jetzt einen viel attraktiveren Look als vorher.	Wie war die Fahrt?
Die Schaufenstergestaltung gefällt mir jetzt viel besser.	Hatten Sie eine gute Anreise?
Ihre Betriebskosten sind im letzten Halbjahr gesunken, wie haben Sie das geschafft? RL	… wird von den Kunden gut angenommen. FL
In den letzten sechs Monaten hatten Sie niedrigere Betriebskosten, wie haben Sie das denn erreicht?	… verkaufen wir gut.
Mit diesem neuen Artikel möchten wir einen Testlauf über drei Monate machen. RL	Dieser Artikel war leider ein Minusgeschäft. FL
In den nächsten drei Monaten möchten wir testen, wie sich dieser neue Artikel verkauft.	Mit diesem Artikel haben wir rote Zahlen geschrieben.
Über den Eingangsbereich müssen wir uns noch mal unterhalten. RL	Ich würde Ihnen gern noch etwas anderes zeigen. FL
Mit dem Eingangsbereich bin ich noch nicht ganz glücklich.	Es gibt noch etwas, das Sie sich ansehen sollten.
Okay, ich notiere es mir. RL	Aus meiner Sicht stellen diese Lampen hier ein Sicherheitsrisiko dar. FL
In Ordnung, ich mache mir eine Notiz.	Ehrlich gesagt sehe ich diese Lampen hier als eine potenzielle Gefahrenquelle.
Ich halte Sie auf dem Laufenden. RL	Die neuen Kartenleser fallen immer wieder aus. FL
Ich melde mich, sobald es etwas Neues gibt.	Mit den neuen Kartenlesern gibt es öfter Probleme.
Prima, ich denke, wir sind durch. Gibt es von Ihrer Seite aus noch etwas? RL	Ich würde gern noch eine weitere Halbtagskraft einstellen. FL
Bestens, für heute war das dann alles. Haben Sie noch Fragen oder Wünsche?	Für die Vormittage könnten wir gut noch eine zusätzliche Kraft gebrauchen.
Ich muss mich jetzt leider verabschieden, schade, dass wir keine Zeit mehr für einen Kaffee haben. RL	Denken Sie, das ist machbar? FL
Leider muss ich jetzt los, hoffentlich haben wir das nächste Mal Zeit für einen Kaffee. *(Bitte bringen Sie den Dialog jetzt zum Abschluss.)* RL	Es wäre schön, wenn das klappen würde. *(Bitte bringen Sie den Dialog jetzt zum Abschluss.)* FL

49 | Nominalisierungs-Wettstreit

Sprachniveau

B2

Lerninhalt / Themenfeld

Wortschatz erweitern: Nominalisierungen aus Verben, Adjektiven, Adverbien, Konnektoren, Pronomen, Präpositionen und Partikeln (die ohne Veränderungen als Nomen verwendet werden können)

Anzahl der Spielerinnen / Spieler

beliebig viele Kleingruppen (je 3–4 Personen)

Spieldauer

pro Runde 10–15 Minuten

Benötigtes Material

- Stoppuhr oder Uhr mit Sekundenanzeige
- evtl. lebhafte Musik (s. Anmerkungen)
- Wörterbücher (eins pro Gruppe)

Vorbereitung

- Kopiervorlage (S. 119) für jede Gruppe einmal kopieren und zerschneiden oder eigene Texte erstellen

Spielverlauf

1. Schreiben Sie einen Beispielsatz mit 1–2 Nominalisierungen, die ohne Formveränderung auskommen, an die Tafel. Im folgenden Beispiel etwa werden ein Verb und ein Zahlwort als Nomen verwendet: Im **Gewinnen** ist er groß, er würfelt dauernd eine **Sechs**!
2. Fragen Sie die Lernenden, ob ihnen noch andere Beispiele für Nominalisierungen einfallen (zumindest nominalisierte Verben – z.B. mit *zum* – sind auf B2-Niveau bekannt) und stellen Sie sicher, dass alle das Prinzip der Nominalisierung verstanden haben. Kündigen Sie dann an, dass Sie gleich einen Minitext austeilen werden, der eine Nominalisierung enthält. Diese soll gefunden werden – dafür gibt es einen Punkt. Außerdem sollen in dem Text innerhalb von drei Minuten möglichst viele weitere Wörter gefunden werden, die in anderen Kontexten als Nomen verwendet werden könnten – dabei ist jede Wortart erlaubt. Für jedes gefundene Wort gibt es einen weiteren Punkt, aber nur, wenn die Gruppe anhand eines selbst formulierten Beispiels beweist, dass das Wort tatsächlich als Nomen verwendet werden kann.
3. Teilen Sie den ersten Text aus und starten Sie ggf. die Musik. Nach drei Minuten stoppen Sie die Musik oder rufen „Stopp!". Sammeln Sie die Ergebnisse und Punkte nach jeder Runde an der Tafel. Lösungswörter und mögliche Beispiele finden Sie im Anhang.

Anmerkungen

- Sollten Sie annehmen, dass ein Einzelbeispiel nicht genügt, um das Spiel vorzubereiten, können Sie den ersten Minitext gemeinsam mit den Lernenden bearbeiten.
- Die Minitexte auf der Kopiervorlage sind für B2 geeignet, aber u.U. können eigene, auf Ihre Lerngruppe zugeschnittene Texte noch besser sein. Sammeln

Sie dafür bereits bekannte Nominalisierungen (unveränderte Formen, also ohne
-ung etc.). In Ihren Texten mischen Sie diese dann mit neuen Möglichkeiten,
sodass während des Spiels gleichzeitig wiederholt und „geforscht" wird.
- Je nach Zeit und Interesse können 1–4 Runden gespielt werden.
- Die Musik ist nicht unbedingt nötig, stellt aber eine gute „Abhörbarriere"
zwischen den Gruppen dar. Außerdem verstärkt sie den Wettspielcharakter.
- Voraussichtlich werden nicht alle Möglichkeiten gefunden. Da sich
fortgeschrittene Lerner meist sehr für dieses Thema interessieren, können Sie
fehlende Lösungen ergänzen und Beispiele anbieten (vgl. Anhang).

Redemittel
- Das gibt es nicht.
- Doch! Farben kann man immer als Nomen verwenden.
- Guck mal schnell im Wörterbuch nach.
- Hast du / Haben Sie ein Beispiel?

Anschlussaktivitäten
- Die Gruppen entwickeln Quizfragen zum Erraten der gefundenen
Nominalisierungen.

Beispiel: „Wenn das Wetter schlecht ist, spricht man von einem ..." *(Tief)*

- Die Gruppen schreiben weitere Beispiele mit den Lösungswörtern, jeweils
entweder in nominalisierter oder nicht nominalisierter Form. Jedes Beispiel wird
einzeln vorgelesen. Die anderen Gruppen sprechen sich jeweils kurz ab, ob das
Wort im Beispiel groß oder klein geschrieben wird (also nominalisiert ist oder
nicht). Für jeden richtigen Tipp gibt es einen Punkt.

Beispiel: Gruppe 1: „Blau: Sein Haar ist blond und seine Augen sind von
einem tiefen Blau."
Gruppe 2: „Groß!"
Gruppe 3: „Groß!"
Gruppe 1: „Korrekt! Ihr bekommt beide einen Punkt."

Meetings brauchen Regeln. Oft reden alle durcheinander, und dann versteht man nichts. In unserer Abteilung scheint das aber niemand zu wissen. Zum Verrücktwerden ist das.

Habt ihr Lust, im Sommer mit uns nach Kärnten zu reisen? Da kann man wunderbar wandern. Die Seen sind tief und blau. Ideal für Marion und euch, ihr seid ja richtige Wasserratten. Ihr könntet schwimmen gehen und ich hätte Zeit zum Lesen.

Dieser kleine Hund ist uns gestern zugelaufen! Gerald bemerkte ihn, als wir gerade vom Einkaufen kamen. Er lief gegenüber vom Supermarkt hin und her und bellte. Dann sah er unsere vollen Taschen und rannte zu uns – er wollte etwas zu fressen. Wir bringen ihn gleich zur Polizei.

Ein herzliches Willkommen! Zusammenzuziehen war die beste Idee des Jahrhunderts! Dies ist jetzt mein und dein Haus. Das Zimmer dort ist deins. Es ist leider ein wenig dunkel. Du bist doch nicht böse? Putzen musst du, das gehört nicht zu meinen Talenten, aber dafür bekommst du sonntags gut zu essen, okay?

50 | Neues über alte Wörter

Sprachniveau
B2

Lerninhalt / Themenfeld
Wortschatz erweitern: bekannte Lexik in neuen Kollokationen, Redewendungen, Sprichwörtern usw.; beliebiger Wortschatz

Anzahl der Spielerinnen / Spieler
beliebig viele Kleingruppen

Spieldauer
ca. 15 – 30 Minuten, je nachdem, wie stark das Interesse ist

Benötigtes Material
- je ein einsprachiges deutsches Wörterbuch pro Gruppe (bzw. App oder Website)
- große Papierbögen
- Marker

Spielverlauf
Jede Gruppe einigt sich auf ein Nomen, das sie als „absoluten Anfängerwortschatz" betrachtet. Lassen Sie sich die Wörter sagen und schlagen Sie falls nötig etwas anderes vor. Gut geeignet sind Wörter wie z. B. *Mutter, Mann, Kind, Hund, Haus, Buch, Tisch, Wasser, Brot.* Nicht so ergiebig ist „Technisches", beispielsweise *Fahrrad, Auto, Fernseher, Computer, Kugelschreiber* und überhaupt allzu Spezifisches *(Steak, Limonade, Vorname, Fußball).*
Die Lernenden sammeln nun zunächst in ihren Gruppen, was ihnen zu dem gewählten Wort einfällt (Kollokationen, Redewendungen, Sprichwörter, Komposita, Ableitungen, doppelte Bedeutungen). Dann finden sie mithilfe des Wörterbuchs mindestens drei solcher Informationen über das Wort, die sie noch nicht kannten. Was sie am interessantesten finden, sammeln sie auf einem kleinen Poster, das durch Beispiele und Illustrationen ergänzt werden kann (s. Beispiel). Anschließend präsentieren die Lernenden ihre Ergebnisse in der Großgruppe.

Redemittel
- Das kann auch etwas anderes bedeuten, nämlich …
- Was wir auch interessant fanden / nicht wussten, ist …
- Wusstet ihr / Wussten Sie schon, dass …?
- Wenn man sagt „…", bedeutet das …

Anschlussaktivität
Die Poster werden aufgehängt und als Inspiration für kleine Texte benutzt (kreatives Schreiben).

das
Schneckenhaus

das Hausmittel

z. B. Zwiebeln gegen
Halsschmerzen

Na, du
altes Haus!

außer
Haus

= gerade
nicht da

jemandem
das Haus
einrennen

Haus

frei
Haus

Wir liefern
frei Haus.

jemandem ins
Haus schneien

haushoch
gewinnen

mit der Tür ins
Haus fallen

51 | Deutsch mit Hand und Fuß

Sprachniveau
B2

Lerninhalt / Themenfeld
Wortschatz erweitern: Redewendungen, Komposita; Körperteile – übertragene
Bedeutungen

Anzahl der Spielerinnen / Spieler
Schritte 1–2: alle / Großgruppe; Schritte 3–4: beliebig viele Kleingruppen;
Schritte 5–6: alle / Großgruppe

Spieldauer
Schritte 1–2: ca. 5–10 Minuten; Schritte 3–5: 20–30 Minuten; Schritt 6: ca. 5 Minuten

Benötigtes Material
- Wörterbücher (print oder digital), eins pro Kleingruppe
- große Papierbögen (oder alte Tapete), einen pro Kleingruppe
- Marker oder Farbstifte
- evtl. lebhafte Musik

Vorbereitung
- Kopiervorlage (S. 124) pro Person einmal kopieren

Spielverlauf
1. Die Lernenden kommen in die Mitte des Raumes. Kündigen Sie an, dass Sie gleich
   einen Text vorlesen und dass die Lernenden womöglich nicht alles verstehen
   werden. Sie sollen aber immer, wenn ein Körperteil erwähnt wird, darauf zeigen
   oder, falls sie mehr verstehen, pantomimisch darstellen, was sie hören. Geben Sie
   ein Beispiel: *den Kopf hängen lassen*. Zeigen Sie zuerst auf Ihren Kopf und spielen
   Sie dann, wie Sie traurig den Kopf hängen lassen. Lesen Sie anschließend den Text
   vor, ggf. auch ein zweites Mal.
2. Voraussichtlich werden die Lernenden den ungefähren Sinn der Geschichte
   verstanden haben. Lassen Sie sie mündlich kurz zusammenfassen.
3. Die Kleingruppen bekommen je eine Kopie des Textes und ein Wörterbuch.
   Sie markieren ca. 10 fettgedruckte Ausdrücke, die sie interessieren, und schlagen
   die Bedeutungen nach, die sie nicht selbst erschließen können.
4. Teilen Sie Papierbögen und Stifte aus. Jede Gruppe zeichnet einen großen
   menschlichen Körperumriss auf ihr Blatt und schreibt die neuen Ausdrücke, die sie
   ausgewählt hat, an den passenden Stellen an / in den Umriss.
5. Die Poster werden im Raum aufgehängt. Ermutigen Sie die Lernenden, sie zu
   fotografieren. Ausdrücke, die nicht von allen verstanden werden, werden von den
   Gruppen erklärt, die sie ausgewählt und aufgeschrieben haben. Besprechen Sie mit
   den Lernenden, welche Ausdrücke umgangssprachlich sind, welche auch für
   schriftliche Texte geeignet sind, welche als unhöflich oder derb empfunden werden
   können (rotes Ausrufezeichen oder „Vorsicht"-Schild aufs Poster zeichnen).
6. Optional: Die Lernenden bewegen sich (evtl. zu Musik) durch den Raum. Wenn Sie
   die Musik stoppen (oder „Stopp" rufen), bleiben alle vor einer anderen Person stehen
   und zeigen auf einen Körperteil; die andere Person nennt eine Redewendung dazu.
7. Geben Sie zum Schluss jeder / jedem Lernenden ein Exemplar des Textes zum
   Mitnehmen.

Varianten

- Verfassen Sie selbst einen Text zu einem anderen Wortfeld und führen Sie damit die Schritte 3 – 5 des Spiels durch. Ergiebige Wortfelder dafür sind Essen und Trinken (*reinen Wein einschenken; die Suppe versalzen; ein Haar in der Suppe; Das ist nicht mein Bier!; Abwarten und Tee trinken.; aufs Butterbrot schmieren; Honig ums Maul schmieren; honigsüß; zuckersüß; käsebleich; So ein Käse!; Das ist mir Wurst!; um die Wurst gehen; Da haben wir den Salat!; junges Gemüse; Das geht mir auf den Keks!* usw.), Bestandteile eines Hauses und Möbel (*mit der Tür ins Haus fallen; die Aktien sind im Keller; jemandem aufs Dach steigen; einen Dachschaden haben; mit der Wand reden; Geld zum Fenster rauswerfen; in Teufels Küche kommen; unter den Teppich kehren; einen Tapetenwechsel brauchen; sich zwischen zwei / alle Stühle setzen; nicht alle Tassen im Schrank haben* usw.), Landschaftsmerkmale (*ein Berg von Arbeit; auf Talfahrt sein; Blumenmeer; Menschenstrom; im Fluss sein; jemandem eine Brücke bauen; der Weg ins Unglück; der Gipfel der Unverschämtheit; ein Wald von Hochhäusern; den Wald vor Bäumen nicht sehen; Feld-Wald-und-Wiesen-Therapie; jemanden in die Wüste schicken* usw.), Tiere (*mäuschenstill; mausetot; die Katze im Sack kaufen; wie ein Elefant im Porzellanladen; Schwein haben; mit den Hühnern aufstehen; Danach kräht kein Hahn!; hundemüde; frei wie ein Vogel; ein komischer Vogel; Nachteule; Dreckspatz; Schmutzfink; Schluckspecht; Lastesel; etwas versauen; Ich Schaf!; den Stier bei den Hörnern packen* usw.).
Die Lernenden zeichnen dann in Schritt 4 einen gedeckten Tisch, einen Haus-Querschnitt, eine Landschaft oder einen Bauernhof bzw. Zoo.
- Falls Ihnen Variante 1 zu aufwändig ist, können Sie eine Liste mit Redewendungen verteilen. Die Lernenden wählen dann wieder ca. 10 davon aus.
Die übrige Vorgehensweise bleibt gleich.
- Statt fertige Texte oder Listen zu verwenden, können Sie auch einfach das Wortfeld ansagen und die Lernenden bitten, in den Wörterbüchern nach passenden Redewendungen zu stöbern. Geben Sie 1 – 2 Beispiele.
Danach gehen Sie wieder vor wie beschrieben.

Anmerkung

Wenn Sie einen Raum haben, in dem dies möglich ist, lassen Sie die Poster ein paar Wochen hängen. Sie können beispielsweise für freie Schreibaktivitäten genutzt werden.

Redemittel

- Weiß jemand, was das bedeutet?
- Lies mal vor. / Lesen Sie mal vor.
- Das gefällt mir, das nehmen wir.
- Das ist ja ein lustiger Ausdruck.

Anschlussaktivitäten

- Die Lernenden schreiben Kärtchen für eine Zuordnungsübung. Dazu schreiben sie zu jedem Ausdruck von ihrem Poster ein Synonym oder eine Erklärung. Beispiel:

  Kärtchen 1: auf der Nase liegen – Kärtchen 2: krank sein

  Die Karten werden zum Zuordnen an eine andere Gruppe weitergereicht.
- Wie oben, aber statt Karten werden Haftnotizen verwendet und nur die Erklärungen bzw. Synonyme aufgeschrieben. Die andere Gruppe hat dann die Aufgabe, die Haftnotizen an den richtigen Stellen auf das Poster zu kleben.
- Die Karten aus der ersten Anschlussaktivität können zu einem späteren Zeitpunkt zur Paarbildung eingesetzt werden.

Mein Kollege Hansi Kunze hatte zwei Wochen mit Grippe **auf der Nase gelegen**, aber gestern war er wieder im Büro. Ich empfing ihn **mit offenen Armen**:

„Hallo Hansi, schön, dass du wieder **auf den Beinen** bist!"

Aber dann sah ich, dass ihm irgendetwas **schwer im Magen lag**. Hansi ist furchtbar empfindlich, aber ich **fasste mir ein Herz** und fragte ihn:

„Was ist los, mein Alter, ist dir mal wieder jemand **auf die Zehen getreten**? Sag schon, wer hat dich diesmal **vor den Kopf gestoßen?**"

„Ach, egal … Wir können ja mal nach der Arbeit **einen zur Brust nehmen**, dann erzähle ich dir das …"

„Nein, erzähl's mir jetzt! Ich bin **ganz Ohr.**"

Zuerst **bekam er die Zähne nicht auseinander**, aber schließlich kam es raus:

„Der Obermeier. Ich könnte ihm **den Hals umdrehen.**"

Der Obermeier ist ein Kollege, den wir beide nicht besonders mögen.

„Weißt du noch, wie er mich **bekniet** hat, ihn mal **ein Auge auf** meine neue Projektplanung **werfen** zu lassen? Ach, Herr Kunze, sagt er, Sie haben immer so tolle Ideen! Wie Sie das **aus dem Handgelenk schütteln!** Na ja, ich habe mich natürlich ein bisschen **gebauchpinselt** gefühlt, das **liegt ja auf der Hand**. Und die Sache **hat ja auch Hand und Fuß.**"

„Ja, und? Jetzt lass dir nicht **jedes Wort aus der Nase ziehen!**"

„Als ich krank war, hat er sogar bei uns angerufen und mir **mit Engelszungen in den Ohren gelegen**, dass ich noch zu Hause bleiben soll. Im **Brustton** des Mitleids. So eine Grippe darf man **nicht auf die leichte Schulter nehmen**, Herr Kunze! Sagen Sie Ihrer Frau, sie soll **ein Auge auf Sie haben**! Ich hätte wissen müssen, dass der mir bloß **in den Rücken fallen** will. – Heute komme ich in die Firma zurück, und was **kommt mir da zu Ohren**? Das neue Projekt läuft schon, und der Obermeier leitet es. Der **hatte die Stirn**, meine Projektplanung als seine auszugeben!"

„Was? **Haarsträubend!** Aber jetzt **lass den Kopf nicht hängen**, wir haben ja schon wieder was Neues auf dem Tisch, das ist viel spannender. Vielleicht hast du da ja auch etwas **in den falschen Hals bekommen?**"

Aber damit **erwischte ich ihn auf dem falschen Fuß**, obwohl ich ihm eigentlich **den Rücken stärken** wollte. Ich habe wohl einfach kein **Fingerspitzengefühl**. Er ist mir gleich **über den Mund gefahren**:

„**In den falschen Hals?** Willst du mich **auf den Arm nehmen**? So ist der Obermeier! **Wenn du ihm den kleinen Finger reichst, nimmt er gleich die ganze Hand**. Ich **habe die Nase voll** von dem Typ, und überhaupt von der ganzen **Ellenbogenmentalität** in dieser Firma! Ich kann mir nicht jeden Tag neue Ideen **aus den Fingern saugen!** Das letzte Projekt hat mich **über den Daumen gepeilt** 80 Arbeitsstunden gekostet! Und dafür bekomme ich jetzt nicht mal ein **Schulterklopfen.**"

Ach, wenn der Hansi doch bloß **eine dickere Haut** hätte!

52 | Fließendes Deutsch

Sprachniveau
B2

Lerninhalt / Themenfeld
Wortschatz verankern und erweitern: Redewendungen, Sprichwörter; Wasser –
übertragene Bedeutungen

Anzahl der Spielerinnen / Spieler
4 in etwa gleich große Gruppen

Spieldauer
25 – 30 Minuten

Spielverlauf

1. Die Mitglieder jeder Gruppe einigen sich auf eine prominente oder historische
    Person, für die sie sich interessieren. In 2 – 3 Minuten sammeln sie mündlich
    Informationen über diese Person.
2. Schreiben Sie nach und nach die beiden Wortschatzlisten an die Tafel.
    Schreiben Sie z. B. *ein Sprung ins* … und fragen Sie: „Was glauben Sie, wie diese
    Redewendung weitergeht? Sie bedeutet, dass man mutig sein muss, wenn man
    zum Beispiel etwas tut, was man noch nie getan hat." Alternativ schreiben Sie
    die komplette Redewendung an und fragen Sie, welche Bedeutung sie haben
    könnte. Falls die Lerngruppe eine gemeinsame Muttersprache hat, können Sie
    auch nach einem entsprechenden muttersprachlichen Ausdruck fragen. Wenn
    3 – 4 Redewendungen an der Tafel stehen, fragen Sie, ob die Lernenden bereits
    ein gemeinsames Element erkennen können (Wasser).
3. Alle Gruppen nennen die Persönlichkeiten, die sie gewählt haben. Jeweils zwei
    Gruppen spielen gegeneinander um eine der Wortschatzlisten und versuchen,
    durch Argumentation so viele Wörter oder Wendungen wie möglich zu
    gewinnen. Die beiden anderen Gruppen fungieren als Jury. Z.B. hat Gruppe A
    Charles Darwin gewählt und Gruppe B die Sängerin Susan Boyle. Gespielt wird
    um Liste 1.

Beispiel (Gruppe A):

> „Ein Sprung ins kalte Wasser. Wir denken, dass wir diesen Ausdruck
> bekommen sollten, und zwar aus folgendem Grund: Darwins Evolutionstheorie
> widersprach vielem, was die Leute damals glaubten. Es gehörte Mut dazu,
> diese Theorie zu formulieren. Für Darwin war das ein Sprung ins kalte Wasser."

Beispiel (Gruppe B):

> „Für Susan war es ein Sprung ins kalte Wasser, zu dieser Talentshow zu gehen.
> Sie war ja schon Ende 40 und sah nicht gerade wie ein Popstar aus."

Die Mitglieder der Gruppen C und D stimmen ab, wem die Redewendung
zugesprochen werden soll, und begründen ihre Entscheidung. Dann spielen die
Gruppen C und D um eine Redewendung von Liste 2, A und B sind die Jury.

Wortschatzliste 1

▶ ein Sprung ins kalte Wasser
▶ das Bad in der Menge genießen
▶ wissensdurstig
▶ untertauchen
▶ es hagelte Beschwerden
▶ wie ein Fisch im Wasser
▶ flüssig sein
▶ fließend Deutsch / Russisch / … sprechen
▶ die Ideen sprudeln
▶ im Internet surfen

Wortschatzliste 2

▶ herbeiströmen (Besucher / Menschen / Fans / …)
▶ Stille Wasser sind tief.
▶ eine kalte Dusche
▶ sich treiben lassen
▶ gegen den Strom schwimmen
▶ eine Welle der Zuneigung / der Empörung / des Misstrauens / …
▶ die Wogen glätten
▶ durch die Prüfung segeln
▶ das Häusermeer
▶ eine Quelle der Freude / der Erheiterung / …

53 | Zweierpacks

Sprachniveau
B2

Lerninhalt / Themenfeld
Wortschatz verankern und erweitern: Zwillingsformeln (mit End- oder Stabreim)

Anzahl der Spielerinnen / Spieler
beliebig viele Kleingruppen (4 – 5 Personen) mit jeweils 2 Teams (2 – 3 Personen)

Spieldauer
35 – 45 Minuten

Vorbereitung
- alle Kopiervorlagen für jede Kleingruppe einmal kopieren

Spielverlauf

1. In den Gruppen wird vereinbart, wer Team A und wer Team B ist. Jedes Team bekommt das passende Aufgabenblatt 1 von Kopiervorlage 1 und fünf Minuten Zeit, um die Lücken zu ergänzen. Wörterbücher sind nicht erlaubt; es geht darum, Vermutungen anzustellen oder ggf. einfach zu raten.

2. Die Teams bekommen das passende Aufgabenblatt 2 von Kopiervorlage 2 bzw. 3 und ca. 20 Minuten Zeit, um die Zwillingsformeln und die korrekten Erklärungen zu lesen und jeweils eine falsche Erklärung hinzuzuerfinden. Damit soll das gegnerische Team möglichst geschickt in die Irre geführt werden.

3. Die Teams kommen wieder zusammen. Team A beginnt und liest den ersten Satz von seinem Aufgabenblatt 1 vor. Wenn die Zwillingsformel richtig ergänzt ist, vergibt Team B dafür einen Punkt auf seinem Aufgabenblatt 2. Falls nicht, nennt Team B die korrekte Formel.

Beispiel:	Team A: „Satz 1 könnte heißen: Die Kinder sind heute mal wieder außer Rock und Bock." Team B: „Nein, leider falsch, das heißt *außer Rand und Band*".

4. Als Nächstes liest Team B die beiden Erklärungen zur ersten Zwillingsformel vor. Team A muss sich entscheiden, welche korrekt ist. Für die richtige Lösung gibt es ebenfalls einen Punkt.

Beispiel:	Team B: „Was bedeutet *außer Rand und Band*? – Heißt es: a. laut, wild, außer Kontrolle oder b. unordentlich angezogen, ungewaschen und ungekämmt?" Team A (hat sich kurz besprochen): „Wir tippen auf a."

Anmerkung
Während Schritt 1 und Schritt 2 sollten sich die Teams ein wenig abseits voneinander setzen, um nicht belauscht zu werden.

Anschlussaktivität
Die Gruppen tauschen ihre Aufgabenblätter 1 und schauen sich noch einmal die Beispielsätze an. Dann tauschen sie sich kurz darüber aus, welche Ausdrücke ihnen gefallen und in welchem Kontext sie sie benutzen würden.

Kopiervorlage 1

Team A / Aufgabenblatt 1: Ergänzungen raten

In den Sätzen fehlt
- ■ entweder zweimal der gleiche Buchstabe   Beispiel: Komm, wir spielen eine Runde **P**ing**p**ong.
- ■ oder zweimal zwei gleiche Buchstaben   Beispiel: Wir sind über **St**ock und **St**ein gelaufen.
- ■ oder zweimal das gleiche Wortende   Beispiel: D**oppelt** gem**oppelt** hält besser.

1. Die Kinder sind heute mal wieder außer R_____ und B_____.

2. Er hat _____ift und _____alle gespuckt, als er die Wahrheit erfahren hat.

3. Nach der Wanderung war ich _____ix und _____ertig.

4. Sorry, dass ich mich noch nicht gemeldet habe, im Büro geht es gerade _____unter und _____über.

5. Es war w_____ und br_____ kein Restaurant zu sehen.

6. Ich gehe mit dir durch _____ick und _____ünn.

7. Das Projekt haben wir mehr schl_____ als r_____ abgeschlossen.

8. Martin ist mit ___aut und ___aaren in Cora verliebt.

9. Er begleitet sie auf Schr_____ und Tr_____.

10. Was meinst du dazu? Du kannst es mir _____ank und _____ei sagen.

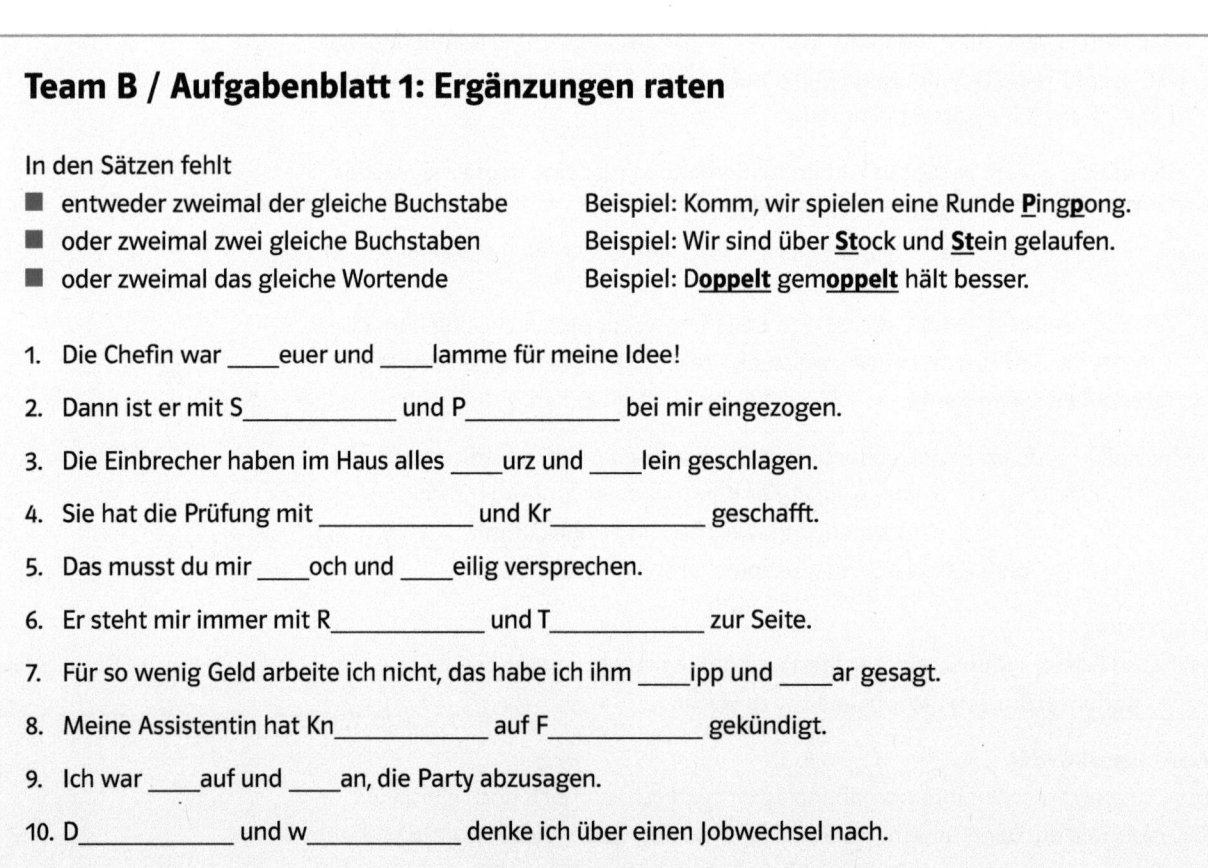

Team B / Aufgabenblatt 1: Ergänzungen raten

In den Sätzen fehlt
- ■ entweder zweimal der gleiche Buchstabe   Beispiel: Komm, wir spielen eine Runde **P**ing**p**ong.
- ■ oder zweimal zwei gleiche Buchstaben   Beispiel: Wir sind über **St**ock und **St**ein gelaufen.
- ■ oder zweimal das gleiche Wortende   Beispiel: D**oppelt** gem**oppelt** hält besser.

1. Die Chefin war _____euer und _____lamme für meine Idee!

2. Dann ist er mit S_____ und P_____ bei mir eingezogen.

3. Die Einbrecher haben im Haus alles _____urz und _____lein geschlagen.

4. Sie hat die Prüfung mit _____ und Kr_____ geschafft.

5. Das musst du mir _____och und _____eilig versprechen.

6. Er steht mir immer mit R_____ und T_____ zur Seite.

7. Für so wenig Geld arbeite ich nicht, das habe ich ihm _____ipp und _____ar gesagt.

8. Meine Assistentin hat Kn_____ auf F_____ gekündigt.

9. Ich war _____auf und _____an, die Party abzusagen.

10. D_____ und w_____ denke ich über einen Jobwechsel nach.

Kopiervorlage 2

Team A / Aufgabenblatt 2: Falsche Erklärungen erfinden

Beispiel für eine richtige und eine falsche Erklärung:

Pingpong

    a. ist ein anderes Wort für Tischtennis.

    b. *bedeutet, dass jemand nicht ganz richtig im Kopf ist.*

Punkte Team B:

1. *Feuer und Flamme sein* ☐
   a. heißt so viel wie „total begeistert sein". ☐
   b. _____

2. *mit Sack und Pack* ☐
   a. bedeutet: mit allem, was man besitzt. ☐
   b. _____

3. *kurz und klein schlagen* ☐
   a. _____
   b. heißt „völlig kaputt / in Stücke schlagen". ☐

4. *mit Ach und Krach* ☐
   a. heißt: Es hat mit Mühe und Anstrengung gerade noch so geklappt. ☐
   b. _____

5. *etwas hoch und heilig versprechen* ☐
   a. _____
   b. bedeutet, dass man es ganz fest verspricht. ☐

6. *jemandem mit Rat und Tat zur Seite stehen* ☐
   a. _____
   b. bedeutet, dass man jemandem mit Worten und Taten hilft. ☐

7. *klipp und klar* ☐
   a. _____
   b. heißt „ganz ehrlich und direkt, ohne höfliche Umwege". ☐

8. *Knall auf Fall* ☐
   a. bedeutet: sehr plötzlich und für andere überraschend. ☐
   b. _____

9. *drauf und dran* ☐
   a. heißt so viel wie „kurz davor oder schon fast entschlossen". ☐
   b. _____

10. *dann und wann* ☐
    a. _____
    b. ist das Gleiche wie „ab und zu" oder „von Zeit zu Zeit". ☐

© Ernst Klett Sprachen GmbH, Stuttgart 2019 | www.klett-sprachen.de | Alle Rechte vorbehalten
Von dieser Druckvorlage ist die Vervielfältigung für den eigenen Unterricht gestattet.
ISBN 978-3-12-674151-4

Kopiervorlage 3

Team B / Aufgabenblatt 2: Falsche Erklärungen erfinden

Beispiel für eine richtige und eine falsche Erklärung:

Pingpong

    a. ist ein anderes Wort für Tischtennis.

    b. bedeutet, dass jemand nicht ganz richtig im Kopf ist. _____

Punkte Team A: ☐

1. *außer Rand und Band* ☐
   a. heißt so viel wie „laut, wild, außer Kontrolle". ☐
   b. _____

2. *Gift und Galle spucken* ☐
   a. bedeutet: sich sehr aufregen und laut und heftig schimpfen. ☐
   b. _____

3. *fix und fertig* ☐
   a. _____
   b. kann so viel bedeuten wie „total erschöpft". ☐

4. *drunter und drüber gehen* ☐
   a. bedeutet, dass es hektisch zugeht und viel zu tun ist. ☐
   b. _____

5. *weit und breit kein(e) ...* ☐
   a. _____
   b. heißt so viel wie „nirgends ein(e) ...". ☐

6. *mit jemandem durch dick und dünn gehen* ☐
   a. _____
   b. bedeutet, dass man alle Situationen mitmacht und loyal bleibt. ☐

7. *mehr schlecht als recht* ☐
   a. heißt: längst nicht so gut wie gewünscht oder geplant. ☐
   b. _____

8. *mit Haut und Haaren* ☐
   a. bedeutet so viel wie „ganz", „völlig", „total". ☐
   b. _____

9. *auf Schritt und Tritt* ☐
   a. _____
   b. heißt: überall, wo jemand hingeht. ☐

10. *frank und frei* ☐
    a. _____
    b. bedeutet, dass man ehrlich sagt, was man denkt. ☐

54 | Schlendern und rennen, flüstern und brüllen

Sprachniveau
B2

Lerninhalt / Themenfeld
Wortschatz verankern und erweitern: Verben; Wortfelder *gehen* und *sprechen*

Anzahl der Spielerinnen / Spieler
alle / Großgruppe

Spieldauer
ca. 15 Minuten

Vorbereitung
■ Kopiervorlage (S. 133) einmal pro Person kopieren

Spielverlauf
1. Sie brauchen etwas freien Platz. Bitten Sie die Lernenden, in die Mitte zu kommen. Schreiben Sie die beiden Verblisten von S. 132 an die Tafel und lassen Sie die Lernenden zunächst den Wortschatz untereinander klären: Wer ein Verb kennt, macht es den anderen vor. Was übrig bleibt, übernehmen dann Sie. Zuletzt stellen alle gemeinsam noch einmal sämtliche Verben dar.
2. Verteilen Sie die Kopien und geben Sie den Lernenden einen Moment Zeit zum Durchlesen.
3. Auf Ihre Ansage hin werden jetzt Bewegungsarten und Sprechweisen kombiniert (Kombinationsvorschläge s. S. 132). Das geschieht jeweils in drei Stufen.

   Beispiel:

   > Erste Ansage: „Bitte schleicht / schleichen Sie durch den Raum!"
   >
   > Zweite Ansage: „Findet / Finden Sie eine zweite Person und schleicht / schleichen Sie gemeinsam!"
   >
   > Dritte Ansage: „Schleicht / Schleichen Sie gemeinsam weiter und flüstert / flüstern Sie Dialog 3!"

Variante
Die Dialoge können verfremdet werden, indem man absichtlich unpassende Bewegungs- und Sprechweisen wählt. Dafür können die Ansagen auch von den Lernenden übernommen werden.

> Beispiel (Die Lernenden humpeln umher und brüllen sich an.):

> „Was für ein herrlicher Frühlingstag!" – „Ja, wunderbar, einfach ein Genuss!"

Anschlussaktivitäten
■ Die Minidialoge von der Kopiervorlage werden an Paare verteilt und zu längeren Szenen ausgebaut, die dann vorgespielt werden.
■ Paarweise schreiben die Lernenden kleine Erzähltexte mit viel direkter Rede, in denen die Verben *gehen* und *sagen* gehäuft vorkommen. Dann tauschen jeweils zwei Paare ihre Texte und versuchen, sie abwechslungsreicher zu gestalten, indem sie *gehen* und *sagen* möglichst oft durch andere Verben ersetzen.

Verbliste 1   **Verbliste 2**

springen   brüllen

rennen   jubeln

stapfen   flöten

schlendern   stöhnen

schleichen   flüstern

schlurfen   krächzen

marschieren   brummeln

stolzieren   seufzen

humpeln   keuchen

Anweisungskombinationen für die Dialoge 1–9 (Vorschläge):

1. rennen / keuchen
2. schlurfen / brummeln
3. schleichen / flüstern
4. schlendern / seufzen
5. stapfen / krächzen
6. stolzieren / flöten
7. humpeln / stöhnen
8. marschieren / brüllen
9. springen / jubeln

Dialoge

1. „Schneller! Der Bus fährt gleich!"

„Ja, ja, ich laufe ja schon so schnell ich kann!"

2. „Morgen ... Na, hast du auch so viel Lust auf die Vorlesung?"

„Ja klar, und auf die einschläfernde Stimme vom Mayer ..."

3. „Psst, leise, damit er uns nicht hört!"

„Genau, es soll ja eine Überraschung werden!"

4. „Was für ein herrlicher Frühlingstag!"

„Ja, wunderbar, einfach ein Genuss!"

5. „So schönen dicken Schnee hatten wir schon lange nicht mehr! Ich bin nur leider total erkältet ..."

„Ich auch, schon seit über einer Woche."

6. „Was für ein tolles Kleid!"

„Oh, danke. Ihre Jacke gefällt mir aber auch gut!"

7. „30 Kilometer an einem Tag! Das mache ich nie wieder!"

„Ich auch nicht! Jedenfalls nicht in diesen Schuhen ..."

8. „Umgehungsstraße für Hügelshausen!"

„Schluss mit dem Verkehrschaos!"

9. „Gewonnen! Wir haben gewonnen!"

„Wir sind Weltmeister! Juhuu!"

55 | Ein Wort erblüht zum Abschied

Sprachniveau
B2

Lerninhalt / Themenfeld
Wortschatz anwenden: metaphorisch verwendete Wörter

Anzahl der Spielerinnen / Spieler
alle / Großgruppe

Spieldauer
20 – 25 Minuten

Benötigtes Material
- große flache Schale oder mehrere tiefe Teller
- Wasser
- evtl. Scheren, mindestens halb so viele wie Lernende (s. Anmerkung)

Vorbereitung
- Kopiervorlage (S. 136) so oft kopieren, dass jede / jeder Lernende eine Blüte erhält; empfehlenswert ist es, verschiedenfarbige Kopien zu machen
- Blüten ausschneiden oder Papierbögen grob zerteilen (s. Anmerkung)

Spielverlauf
Bitten Sie die Lernenden, sich ein einzelnes Wort zu überlegen, das ausdrückt, wie sie ihren „Werdegang" beim Deutschlernen erlebt haben. Verteilen Sie die Blüten. Die Lernenden schreiben ihr Wort in die Mitte der Blüte und falten alle Blütenblätter zur Mitte hin, sodass das Wort nicht zu lesen ist:

Die Blüten werden in die Mitte gelegt. Alle nehmen sich eine Blüte – nicht die eigene – dürfen aber nicht hineinschauen. Die Schale wird mit Wasser gefüllt (bei einer großen Gruppe mehrere Schalen). Alle setzen ihre gewählten Blüten vorsichtig mit den Blütenblättern nach oben auf die Wasseroberfläche und behalten sie im Auge. Nach einer Weile beginnen durch den Einfluss des Wassers die ersten Blüten, sich zu öffnen und ihren Inhalt freizugeben. Durch Raten oder Fragen findet jede Person heraus, von wem ihre Blüte angefertigt wurde und was die / der Betreffende dazu sagen möchte.

Beispiel:

> LN 1: „In meiner Blüte steht ein Wort, das ich nicht kenne: *verschnörkelt*. Hast du das geschrieben, Mischka?"
>
> LN 2: „Nein, ich kenne das Wort auch nicht!"
>
> LN 3: „Das war ich. Ich finde, das ist ein lustiges Wort. Es bedeutet, dass etwas nicht gerade ist, sondern eher verschlungen, mit Kurven oder wie eine Verzierung … Und mein Deutschlernen war verschnörkelt, irgendwie. Ich meine damit, es war kein gerader Weg."
>
> LN 1: „Das passt auch gut zu meinem Weg. Danke!"

Varianten
- Statt der Metaphern können auch Lieblingswörter aufgeschrieben werden, dann ist das Spiel auch auf anderen Niveaus einsetzbar.
- Es können auch Widmungen in die Blüten geschrieben werden, z.B. „Für Thomasina", gefolgt von einem guten Wunsch. Immer wenn sich eine Blüte öffnet, wird nachgeschaut, für wen sie ist. Damit alle etwas bekommen, kann man zuvor Namen ziehen lassen.

Anmerkungen
- Dieses Spiel ist ein schönes Ritual für den letzten Unterrichtstag.
- Das Ausschneiden ist viel Arbeit. Statt es selbst zu übernehmen, können Sie die Bögen auch einfach in grobe Stücke mit je einer Blüte schneiden. Verteilen Sie Scheren und lassen Sie die Lernenden die Blüten selbst ausschneiden.
- Wenn man die Blüten trocknet und wieder zusammenfaltet, kann man den Vorgang (z.B. zu Hause) wiederholen.

Redemittel
- In meiner Blüte steht ein Wort, das ich nicht kenne.
- Ich kenne das Wort auch nicht.
- Das war ich nicht, das Wort gefällt mir aber sehr.
- Ja, das passt auch gut zu mir.
- Oh nein, mein Weg war ganz anders!

Anschlussaktivität
Die Wörter können ein Stimulus für einen kleinen Brief an die Urheberin / den Urheber sein.

Anhang

1. Zusätzliche Kopiervorlage zu Spiel 46

2. Lösungen

1. Zusätzliche Kopiervorlage zu Spiel 46: Puzzle-Wettstreit

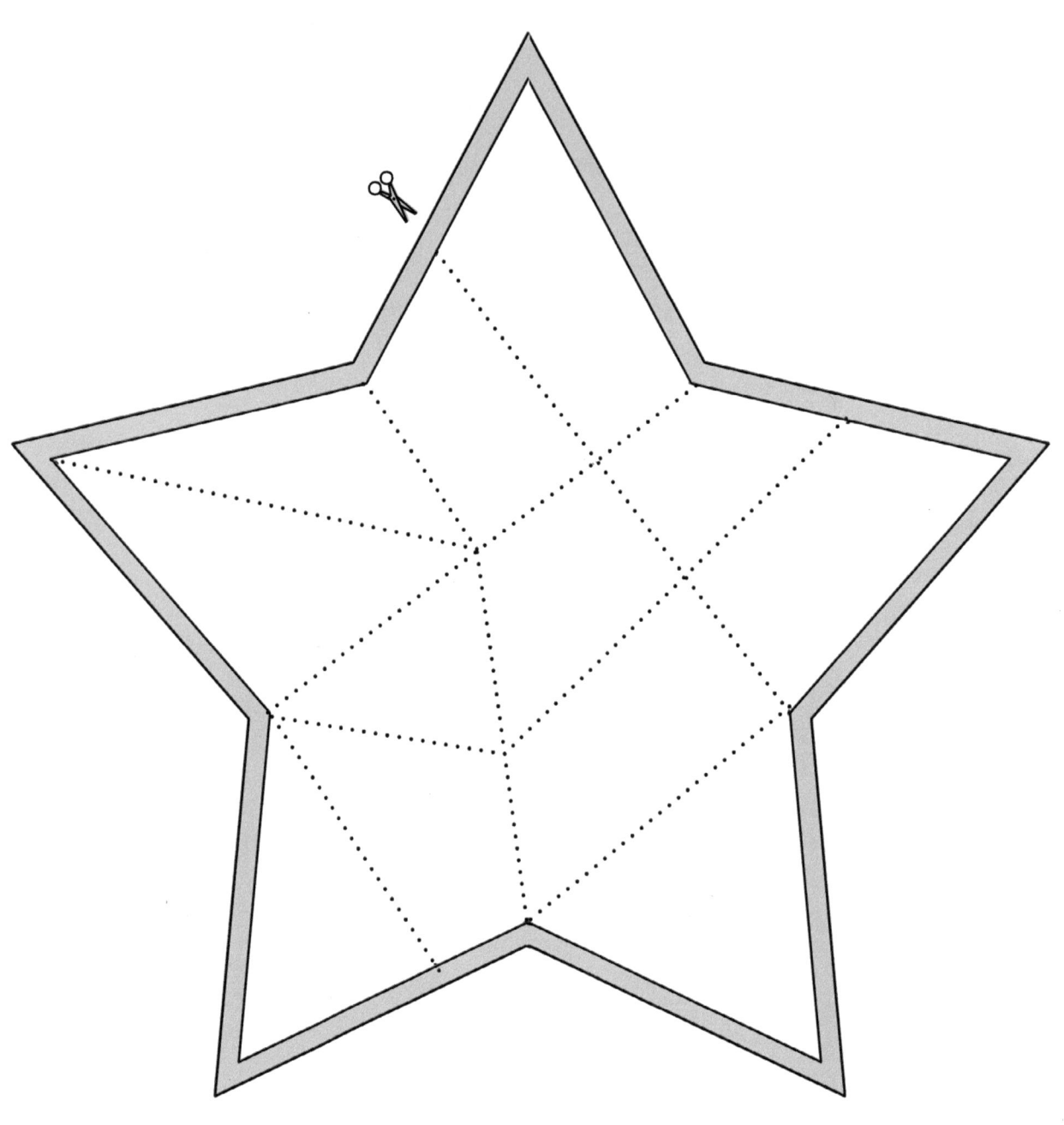

2. Lösungen

zu Spiel 20: Chunks tauschen

Wir fliegen … nach Spanien. / ins Ausland. / ohne Gepäck. / mit einer Gruppe. / in die Ukraine. / nach Hause. / ans Meer. / zurück. / auf die Bahamas. / zu Onkel Gerd. / weg. / los. (Mit entsprechendem Kontext auch: vor die Tür. / zu Karls Party.)

Ich fahre … nach Spanien. / durch den Schwarzwald. / ins Ausland. / einkaufen. / ohne Gepäck. / mit einer Gruppe. / in die Ukraine. / nach Hause. / zu Karls Party. / ans Meer. / zurück. / auf die Bahamas. / zu Onkel Gerd. / weg. / los.

Er reist … nach Spanien. / ins Ausland. / ohne Gepäck. / mit einer Gruppe. / in die Ukraine. / ans Meer. / zurück. / auf die Bahamas. / zu Onkel Gerd. / los.

Ich gehe mal kurz … einkaufen. / vor die Tür. / nach Hause. / unter die Dusche. / zu Onkel Gerd. / ins Wohnzimmer. / weg. (Mit entsprechendem Kontext auch: ans Meer. / zurück.)

Wir wandern … durch den Schwarzwald. / ohne Gepäck. / mit einer Gruppe. / zurück. / los. (Mit entsprechendem Kontext auch: nach Spanien. / in die Ukraine. / nach Hause. / zu Onkel Gerd.)

Sven läuft … mit einer Gruppe. / vor die Tür. / nach Hause. / zurück. / zu Onkel Gerd. / ins Wohnzimmer. / weg. / los. (Mit entsprechendem Kontext auch: nach Spanien. / durch den Schwarzwald. / ohne Gepäck. / in die Ukraine. / zu Karls Party. / ans Meer.)

Die Firma liefert auch … nach Spanien. / ins Ausland. / in die Ukraine. / nach Hause. / auf die Bahamas.

Cora schaut … vor die Tür. / zurück. / zu Onkel Gerd. / auf den Tisch. / ins Wohnzimmer. / weg. / in den Schrank. (Mit entsprechendem Kontext auch: unter die Dusche.)

Schick ihn doch … nach Spanien. / ins Ausland. / einkaufen. / in die Ukraine. / vor die Tür. / nach Hause. / ans Meer. / zurück. / unter die Dusche. / auf die Bahamas. / zu Onkel Gerd. / ins Wohnzimmer. / weg. / los. (Mit entsprechendem Kontext auch: zu Karls Party.)

Komm doch mit … nach Spanien. / ins Ausland. / einkaufen. / in die Ukraine. / vor die Tür. / nach Hause. / zu Karls Party. / ans Meer. / zurück. / auf die Bahamas. / zu Onkel Gerd. / ins Wohnzimmer. (Mit entsprechendem Kontext auch: unter die Dusche.)

Ihr wollt sicher … nach Spanien. / ins Ausland. / einkaufen. / in die Ukraine. / nach Hause. / zu Karls Party. / ans Meer. / zurück. / unter die Dusche. / auf die Bahamas. / zu Onkel Gerd. / ins Wohnzimmer. / weg. / los. (Mit entsprechendem Kontext auch: vor die Tür.)

Du kannst nicht … nach Spanien. / ins Ausland. / einkaufen. / in die Ukraine. / vor die Tür. / nach Hause. / zu Karls Party. / ans Meer. / zurück. / unter die Dusche. / auf die Bahamas. / zu Onkel Gerd. / ins Wohnzimmer. / weg. (Mit entsprechendem Kontext auch: auf den Tisch. / in den Schrank.)

Sie möchte gern … nach Spanien. / ins Ausland. / einkaufen. / in die Ukraine. / vor die Tür. / nach Hause. / zu Karls Party. / ans Meer. / zurück. / unter die Dusche. / auf die Bahamas. / zu Onkel Gerd. / ins Wohnzimmer. / weg. / los. (Mit entsprechendem Kontext auch: auf den Tisch. / in den Schrank.)

Laila will unbedingt … nach Spanien. / ins Ausland. / einkaufen. / in die Ukraine. / vor die Tür. / nach Hause. / zu Karls Party. / ans Meer. / zurück. / unter die Dusche. / auf die Bahamas. / zu Onkel Gerd. / ins Wohnzimmer. / weg. / los. (Mit entsprechendem Kontext auch: auf den Tisch. / in den Schrank.)

Bitte bring die Sachen … nach Spanien. / ins Ausland. / in die Ukraine. / vor die Tür. / nach Hause. / zurück. / zu Onkel Gerd. / ins Wohnzimmer. / weg.

Stell die Tasse … zurück. / auf den Tisch. / ins Wohnzimmer. / weg. / in den Schrank. (Mit entsprechendem Kontext auch: vor die Tür.)

Er setzt sich … vor die Tür. / ans Meer. / zu Onkel Gerd. / ins Wohnzimmer. / weg. (Mit entsprechendem Kontext auch: unter die Dusche. / auf den Tisch. / in den Schrank.)

Leg das bitte … vor die Tür. / zurück. / auf den Tisch. / ins Wohnzimmer. / weg. / in den Schrank. (Mit entsprechendem Kontext auch: unter die Dusche.)

Häng den Mantel … vor die Tür. / zurück. / ins Wohnzimmer. / weg. / in den Schrank.

Ich muss … nach Spanien. / durch den Schwarzwald. / ins Ausland. / einkaufen. / in die Ukraine. / vor die Tür. / nach Hause. / zu Karls Party. / zurück. / unter die Dusche. / auf die Bahamas. / zu Onkel Gerd. / ins Wohnzimmer. / weg. / los. (Mit entsprechendem Kontext auch: ans Meer.)

zu Spiel 43: Sag es einfach

Lösungen für Kopiervorlage 1:

Gesuchtes Verb: *machen*

Mach bitte das Fenster zu! – Können wir für nächste Woche einen Termin ausmachen? – Würden Sie bitte das Licht ausmachen? – Sie macht ihre Tasche auf. – Kannst du mir den Tanz mal vormachen? – Machst du mit? – Meine Oma hat mir ihr Haus vermacht. – Mit dieser Idee kann man richtig viel Geld machen! – Mach schnell! – Wer macht Essen?

zu Spiel 46: Puzzle-Wettstreit

Namen der geometrischen Formen: Würfel, Kegel, Trapez, Kreis, Kugel, Quader, Kreuz, Dreieck, Rechteck, Pyramide, Zylinder, Spirale, Raute, Oval, Quadrat

zu Spiel 49: Nominalisierungs-Wettstreit

Lösungswörter und mögliche Beispiele

Text links oben: Die bereits vorhandene Nominalisierung ist *Verrücktwerden*.
Weitere Nominalisierungsmöglichkeiten mit Verwendungsbeispielen:

1. *reden*: Es geht ihm schon besser, aber das **Reden** strengt ihn noch an.
2. *durcheinander*: Was für ein **Durcheinander**! Räum doch mal auf!
3. *nichts*: Sie musste Konkurs anmelden, und jetzt steht sie vor dem **Nichts**.
4. *aber*: Den Abwasch mache ich, kein **Aber**!
5. *niemand*: Damals war er noch ein **Niemand**, jetzt ist er ein Star.
6. *wissen*: Das hat sie ohne mein **Wissen** gemacht.

Text rechts oben: Die bereits vorhandene Nominalisierung ist *Lesen*.
Weitere Nominalisierungsmöglichkeiten mit Verwendungsbeispielen:

1. *reisen*: Ich habe mich auf eine andere Stelle beworben. Das viele **Reisen** ist nichts mehr für mich.
2. *wandern*: Das **Wandern** mit meinen Eltern und Geschwistern ist meine liebste Kindheitserinnerung.
3. *tief*: Für nächste Woche ist ein **Tief** angekündigt, es wird viel Regen geben.
4. *blau*: Das ist ein besonders schönes **Blau**, finde ich.
5. *ideal*: Ein Halbtagsjob, am besten draußen in der Natur – das wäre mein **Ideal**.
6. *ja*: Einverstanden? Ist das ein **Ja**?
7. *miteinander*: Auf ein gutes **Miteinander**!
8. *schwimmen*: Durch das viele **Schwimmen** hat er einen kräftigen Oberkörper.
9. *ich*: Die Psychoanalyse unterscheidet zwischen dem Es, dem **Ich** und dem Über-Ich.

Text links unten: Die bereits vorhandene Nominalisierung ist *Einkaufen*.
Weitere Nominalisierungsmöglichkeiten mit Verwendungsbeispielen:

1. *kleine*: Wie alt ist denn der **Kleine**?
2. *gestern*: Das **Gestern** ist vorbei, lasst uns im Heute leben!
3. *gerade*: Bitte zeichnen Sie zuerst eine **Gerade**.
4. *er*: Was für ein schöner Hund! Ist das ein **Er** oder eine Sie?
5. *gegenüber*: Gespräche verlaufen besser, wenn man sein **Gegenüber** anschaut.
6. *hin und her*: Könnt ihr euch mal entscheiden? Dieses ewige **Hin und Her** geht mir auf die Nerven!
7. *vollen*: Bis jetzt habe ich mich nicht besonders angestrengt, aber jetzt gehe ich in die **Vollen**!
8. *etwas*: Sie hat das gewisse **Etwas**.
9. *fressen*: Gib dem Hund sein **Fressen**.

Text rechts unten: Die bereits vorhandene Nominalisierung ist *Willkommen*.
Weitere Nominalisierungsmöglichkeiten mit Verwendungsbeispielen:

1. *beste*: Oma ist die **Beste**!
2. *jetzt*: Leben im **Jetzt** ist wichtiger, als sich immer Sorgen über die Zukunft zu machen.
3. *mein und dein*: Du kannst wohl **Mein und Dein** nicht so gut unterscheiden, was?
4. *dunkel*: Das verstehe ich nicht. Kann jemand Licht ins **Dunkel** bringen?
5. *du*: Er hat mir das **Du** angeboten.
6. *böse*: Glaubst du eher an das Gute oder an das **Böse** im Menschen?
7. *putzen*: Es ist immer so sauber bei denen – ich glaube, ihr Hobby ist **Putzen**.
8. *gut*: Gesundheit ist das höchste **Gut**.
9. *essen*: Das **Essen** ist fertig.
10. *okay*: Hierfür brauche ich erst noch das **Okay** von der Chefin.